Emil von Borries

Das erste Stadium des i-Umlauts im Germanischen

Emil von Borries

Das erste Stadium des i-Umlauts im Germanischen

ISBN/EAN: 9783744602211

Hergestellt in Europa, USA, Kanada, Australien, Japan

Cover: Foto ©Thomas Meinert / pixelio.de

Weitere Bücher finden Sie auf **www.hansebooks.com**

DAS ERSTE STADIUM DES i-UMLAUTS IM GERMANISCHEN.

ABHANDLUNG

der philosophischen Facultät

der

KAISER-WILHELMS-UNIVERSITÄT STRASSBURG

zur Erlangung der Doctorwürde

vorgelegt von

EMIL VON BORRIES.

STRASSBURG
Universitäts-Buchdr. von J. H. Ed. Heitz (Heitz u. Mündel).
Schlauchgasse. 5.
1887.

Bei Veröffentlichung dieser Arbeit, zu der ich von Herrn Professor Herning angeregt worden bin, habe ich die angenehme Pflicht, den Herrn Professoren Hübschmann und Martin für das wohlwollende Interesse, das sie für dieselbe gezeigt haben, meinen herzlichsten Dank auszusprechen.

Inhaltsangabe.

	Seite.
Einleitung: Die neuen Theorieen über den indogermanischen Vokalismus, speziell soweit sie germ. *e* betreffen	3
I. Weiterentwickelung von germ. *e* zu *i* nach Leffler und Prüfung der von ihm gefundenen Resultate für das Gebiet des Althochdeutschen	15
A. *e* zu *i* gewandelt vor *i*, (*j*) der folgenden Silbe	16
1. In der 2. 3. sg. praes. ablautender Verba	16
Nicht vor der Pluralendung *-ir*	18
2. In Substantiven auf *-i* 19. (Schwanken zwischen *i-* und *a-*Deklination 23), auf *-ja* 25 (nicht in Abstrakten auf *-i* (*-in*) 30), auf *-ila*, *-ilo*, *ilan*, *-ilôn* 35, auf *-ing* usw. 39, auf *-ida* (mit Einschränkung) 40	19
3. In Adjektiven auf *-ja* 47, auf *-ig* 50, auf *-il*, *-in*, *-isk* 53.	47
4. In Verben auf *-jan* usw.	54
5. In Steigerungsformen	58
6. In einzelnen Wörtern	59
Resultat	60
B. *e* vor *i* (*j*) der folgenden Silbe	60
1. *e* = germ. *a*	60
2. *e* = *ê* oder *ei*	61
3. Das *i* der Endung ist jung	62
a) Es steht für einen andern Vokal	62
b) Es ist svarabhaktisch	65
4. Konsonantische Hindernisse des Wandels von *e* zu *i*.	66
II. Erklärung des Vorgangs	73
III. Zeitbestimmung	78
Schluss	82

EINLEITUNG.

Die neuen Theorieen über den indogermanischen Vocalismus, speziell soweit sie germanisches *e* betreffen.

„Es ist ein gewaltiger Satz, den uns Sanskrit und gotische Sprache zur Schau tragen, dass es ursprünglich nur drei kurze Vokale giebt, *a*, *i*, *u*", sagte Jakob Grimm in der Geschichte der deutschen Sprache;[1] er ging nämlich von der Anschauung aus, dass das Gotische in jeder Beziehung den ältesten Lautstand der germanischen Sprachen repräsentiere. „Wiederum", fährt er fort, „ist von den drei Vokalen *a* der edelste, gleichsam die Mutter aller Laute, aus dem zunächst *u* und *i* hervorgegangen sind, so dass diese Dreiheit, gleich jeder andern, auf anfängliche Einheit zurückweist."

Schon aus diesen Aeusserungen geht hervor, dass Grimms Ansicht über die Ursprünglichkeit der drei Vokale ihre Stütze zum Teil in der Vorliebe für eine gewisse Architektonik des Systems hat, einer Vorliebe, wie sie in der ersten Hälfte unseres Jahrhunderts sehr allgemein war und z. B. die Doktrinen der grossen deutschen Philosophen dieser Epoche charakterisiert. Die massgebende Autorität Grimms hat, wie wir nachher sehen werden, das frühere Aufkommen einer richtigeren Anschauung über den indogermanischen Vokalismus gehindert, vielleicht zum Heile der Wissenschaft; denn wenn die Zuverlässigkeit der von ihm angenommenen Grundlagen sofort angezweifelt worden wäre, hätte vermutlich ein gedeihlicher Fortschritt nicht stattgefunden. Vor 25 Jahren trat eine andere Richtung hervor, welche

[1] S. 274. Vgl. auch Jacobi, Beitr. z. deutschen Grammatik S. 3.

die Idee einer stufenweise fortschreitenden Entwicklung in den Vordergrund stellte.² Von diesem Standpunkte aus musste die Annahme, dass *a* sich zu *i* und *u* gespalten, dann zu *e* und *o* gebrochen habe, als naturwidrig erscheinen. Diese Erwägung führte nun um 1860 drei Gelehrte unabhängig von einander dazu, den Satz aufzustellen, dass die germanische scheinbare Spaltung von *a* zu *i* und *u* auf einer älteren Färbung des *a* zu *e* und *o* beruhe. Zuerst trat Jessen³, dann Curtius⁴ mit dieser Ansicht in die Oeffentlichkeit, während Müllenhoff nach Scherers Angabe⁵ schon längst in seinen Vorlesungen diesen Satz (von Scherer daher „Müllenhoffs Regel" genannt) aufgestellt und begründet hatte. Der Satz von der Wandlung des *a* durch *e* zu *i* und durch *o* zu *u* war bald von der Mehrzahl der Gelehrten anerkannt, ohne dass man jedoch ein bestimmtes Prinzip hätte entdecken können, nach welchem sich das indogermanische *a* gehalten oder zu *e*, bez. *o* gefärbt hätte. Heinzel⁶ dachte über die Motive der Färbung des *a* zu *e* nach, kam aber nur zu dem negativen Ergebnis, dass es nicht Einwirkung des flexivischen oder bleibenden *i* gewesen sei, was sich aus der grossen Anzahl unerhöhter *a*-Wurzeln der *i*-Deklination und der Seltenheit erhöhter ergebe, dass auch Doppelnasalis oder Nasalis mehr Muta die Erhöhung nicht habe veranlassen können, da viele Wurzeln mit *a* vor genannter Doppelkonsonanz vorkämen. Sehr ansprechend erschien die Theorie,⁷ nach der bei diesem Vokalwandel der Accent eine

---

² Jacobi, Beiträge S. 22 ff. hält noch den «plötzlichen Sprung» für etwas der Sprache Natürlicheres als «stetiges Wachsthum».

³ Tidskrift for Filologi og Paedagogik I, 1860. S. 216. Mir leider nicht zugänglich.

⁴ Ueber die Spaltung des a-Lautes im Griechischen und Lateinischen mit Vergleichung der übrigen europäischen Glieder des indogermanischen Sprachstammes in den Abh. der Sächs. Ges. d. Wiss. Phil.-Histor. Klasse 1864.

⁵ Zur Geschichte der deutschen Sprache² 1878. S. 50.

⁶ Heinzel, Geschichte der niederfränkischen Geschäftssprache 1874. S. 51.

⁷ Scherer, ZGdDS.² 66, 236. Verner, KZ. XXIII 131 ff., speziell 133, 134.

Rolle spielte, indem man in accentuierten Silben Tonerhöhung, in unaccentuierten Schwächung des *a* zu *e* annahm, wie das in einzelnen Fällen ja konstatiert sei.

Eine ganz andere Gestalt nahm die Frage an, als nach verschiedenen schüchternen Ansätzen sich die Ansicht endlich Bahn brach, dass der Vokalismus der europäischen Sprachen älter sei als der der arischen. Auf diesen Fall angewandt hiess das: das Indogermanische hat die Vokale *a e o* gehabt, dieselben sind in den beiden arischen Sprachen in *a* zusammengefallen.[8]

Bopp[9] war es, der, wie Brugmann konstatiert, schon im Jahre 1816 behauptete, dass das kurze indische *a* bald wie ein kurzes *a*, bald wie ein kurzes *e*, bald wie ein *o* getönt habe. 1820 sprach er noch eine ähnliche Ansicht aus[10]. 1827 dagegen war er durch Grimms Einsprache anderer Meinung geworden[11]. Nach ihm hat dann Benfey[12] 1837 eine ähnlich lautende

[8] Die Frage nach dem idg. Vokalismus ist ganz unabhängig von der Ablautsfrage zu behandeln. Durch Vergleichung des vorhandenen Wortschatzes ist festzustellen, ob die Vokale *a*, *e*, *o* schon der Ursprache zu dem Zeitpunkt der ersten Sprachtrennung angehört haben oder nicht. Es hat sich dabei ergeben, dass der «bunte» Vokalismus und somit auch der Ablaut eine idg. Erscheinung ist, s. Kluge PBB. VIII, 334; Brugmann in seinem kürzlich erschienenen «Grundriss der vergl. Grammatik» nimmt daher den frühen Ursprung mit Recht in die Definition des Ablauts auf, S. 246, 247: «Unter Ablaut oder Vokalabstufung verstehen wir solche quantitative, qualitative und accentuelle Differenzen des sonantischen Elementes einer Wurzel- oder Suffix-Silbe, die nicht durch Lautgesetze, welche zur Zeit der Einzelentwicklung der idg. Sprachen wirkten, hervorgerufen sind, sondern entweder direkt oder indirekt in bereits uridg. Verschiedenheiten wurzeln.» Die Ausbildung dieses wichtigen grammatischen Instruments fällt also in die «proethnische» Zeit; die Untersuchung darüber hat also mit dem uns beschäftigenden Gegenstande gar nichts zu schaffen.

[9] Ueber das Konjugationssystem S. 91, citiert nach Brugmann, Morph. Untersuch. III, 94.

[10] Analytical comparison of the Sanskrit, Greek, Latin and Teutonic languages etc. London 1820. Brugmann, aaO. S. 95.

[11] Rezension von Grimm's Grammatik, später gedruckt in «Vokalismus oder sprachvergleichende Kritiken» 1836.

[12] Ergänzungsblatt zur allg. Litteraturzeitung, Dez. 1837, citiert bei Masing, Das Verhältnis der griechischen Vokalabstufung zur sanskritischen 1878. S. 45.

Andeutung gemacht, ohne dass die Wissenschaft weiter darauf Rücksicht genommen hätte. Ueber 30 Jahre lang hat dann das a seine Geltung als „die Mutter" der andern Laute ungestört behauptet, bis endlich die Frage durch Amelung wieder in Fluss kam.

Im Folgenden werde ich in kurzen Zügen die Geschichte der neuen Theorie zu geben und die verschiedenen Stadien, die die Entdeckung durchgemacht hat, zu markieren versuchen.

Amelung also that mit seiner Schrift „Die Bildung der Tempusstämme durch Vokalsteigerung" 1871 den ersten Schritt zu einer richtigeren Auffassung der indogermanischen Vokalverhältnisse, indem er zwar für das idg. Vokalsystem noch ganz an der von Schleicher aufgestellten Formel festhielt, aber eine festere Abgrenzung (S. 42) zwischen dem Gebiet der angeblich idg. Vokale a, $\bar{a}$ (aa) und $\bar{\bar{a}}$ ($\bar{a}a$) annahm, so dass idg. a stets zu eur. e, idg. $\bar{a}$ (aa) zu eur. a, idg. $\bar{\bar{a}}$ ($\bar{a}a$) zu eur. $\hat{a}$ geworden wären, die dann in den einzelnen Sprachen sich zu noch grösserer Mannigfaltigkeit entwickelt hätten.[13] Er leugnete also eine westindogermanische Spaltung des idg. a-Lauts in a (o) und e, wie sie Curtius aufstellt, und schrieb dem westindogermanischen a (o) und e ganz verschiedenen Ursprung zu (S. 39). Auf eine Formel gebracht lautet seine Ansicht:

idg.	ostidg.	eur.
a	a	e
$\bar{a}$ (aa)	$\bar{a}$ | a vor einf. | vor dopp. Consonanten	a (o)
$\bar{\bar{a}}$ ($\bar{a}a$)	$\bar{a}$	$\hat{a}$

Ihm wurde es zuerst klar, dass die Spaltung eines Lautes in zwei verschiedene eine bedenkliche Annahme sei, wenn das Eintreten

---

[13] Merkwürdig ist, wie lange es gedauert hat, bis die von Anfang an feststehende theoretische Erkenntnis, dass das Sanskrit gleich den europ. Sprachen als eine Tochter des Idg. anzusehen sei, in der Wissenschaft praktische Geltung gewonnen hat. Für die vokalische Frage ist die bevorzugte Stellung, die man dem Altindischen bis in die neueste Zeit gab, geradezu verhängnisvoll geworden.

des einen oder des andern Lautes an gar keine bestimmten Bedingungen gebunden erscheine, ein Vorwurf gegen die alte Theorie, der seitdem immer wiederkehrt. Ausserdem gab er zuerst Aufschluss über die Entstehung der *u- (o-)* Vokale in der *a*-Reihe Schleichers. „.... in *bebrgumàs*", so heisst es in seiner Abhandlung „Bildung der Tempusstämme durch Vokalsteigerung" S. 53. „konnte die Liquida zwischen zwei Muten wohl noch den Ton einer Silbe tragen. Dergleichen Silben, in denen kein Vokal, sondern nur eine Liquida den Ton trägt, erscheinen uns zwar ungewohnt, aber andere Sprachen, wie z. B. die slawischen, beweisen zur Genüge die Möglichkeit ihrer Hervorbringung, und wenn wir genau beachten wollten, wie wir selbst die tonlosen Präfixe *ver* — und *ser* — sprechen, nicht nur, wie wir sie zu schreiben gewohnt sind, so würde sich leicht herausstellen, dass eine solche Artikulation auch unsern Sprachorganen durchaus nicht so abstossend ist, als sie in Buchstaben gefasst dem Auge erscheint. Um nun solche vokallose Silben deutlich hörbar zu machen, muss die Liquida etwas kräftiger und geräuschvoller produziert werden, und so konnte sie in *bebŕgmasi* wohl den Accent an sich ziehen, noch bevor das deutsche Betonungsgesetz eintrat. Daraus liesse sich dann der Abfall der Reduplikationssilbe vollkommen erklären und wir würden auf die indogermanischen Formen *bŕgumàs, pŕbumas, búdumàs* geführt. Durch die fortgesetzte Wirkung des Accents musste sich endlich aus diesen klanglosen, aber stark accentuierten Silben (beides schliesst einander nicht aus) ein wirklicher Vokal, das dumpfe *o* (*u*) entwickeln. Ein solcher Hergang hat vielfache Analogieen usw." Siehe auch PBB. VI, 108. Amelung, ZfdA. XVIII. 209.

Ein frühzeitiger Tod hinderte Amelung über seinen Standpunkt, den er auch KZ. XXII, 369 vertritt, hinauszukommen: in seiner posthumen Abhandlung „über den Ursprung der deutschen *a*-Vokale"[14] findet sich der Ansatz zu weiterem Fortschritt.

[14] ZfdA. XVIII, 161 ff. 1875.

Er führt hier die sieben urgermanischen Vokale der *a*-Reihe *a, e, i, o, u, â, ô* auf eur. *e a â* zurück und setzt hinzu, die Annahme, dass diese drei Laute die Ueberreste einer ursprünglich viel grösseren Mannigfaltigkeit seien, scheine ihm grössere innere Wahrscheinlichkeit zu haben, als die eines einförmigen idg. *a*.

Die Amelungsche Abhandlung von 1871 ward allerdings vielfach nicht beachtet. J. Schmidt[15] weiss in seinem Kampf gegen die Stammbaumtheorie noch nichts von der ihm unerwartet erstehenden Hilfe, während Verner[16] in seinen Erörterungen über den Ablaut zweifelnd fragt, ob die mindestens für das Germanische ursprüngliche Zweiteilung der *a*-Laute ihre Motive nicht schon in frühern Sprachzuständen habe oder gar bis in die idg. Periode hinaufreiche. Als Symptom für die Erschütterung der Autorität des Sanskrit ist eine Aeusserung J. Wackernagels in demselben Bande der Kuhn'schen Zeitschrift[17] zu verzeichnen, nach welcher das Griechische in Bezug auf das Augment konservativer gewesen, als das Altindische.

Einen ganz neuen Anstoss erhielt die vokalische Frage im Jahre 1876 durch zwei Abhandlungen von K. Brugmann; in der einen[18] beseitigte er durch Ansetzung von Nasalis sonans, auf die er unabhängig von Amelung gekommen war, in der Ursprache eine ganze Anzahl griechischer *a* als Vertreter idg. *a*, die bis dahin dem Aufkommen der neuen Theorie im Wege gewesen waren, in der zweiten[19] stellte er den sanskritischen und den griechischen Ablaut in Parallele und wies als sehr wahrscheinlich nach, dass die *a*-Laute des Sanskrit, also auch die des Indogermanischen, irgendwie verschieden gewesen seien. Er giebt die Gleichsetzung des altindischen und des indogermanischen

[15] KZ. XXIII, 333.
[16] KZ. XXIII, 131.
[17] KZ. XXIII, 470.
[18] Curtius, Studien IX, 285 ff.
[19] Ebenda 361 ff. «Zur Geschichte der stammabstufenden Deklination.»

Vokalismus auf und führt für das letztere drei unbekannte Grössen a_1, a_2, a_3 ein. Seine Ansicht ist:

idg. a_1 = aind. a = gr. lat. sl. e

idg. a_2 = $\begin{cases} \text{aind. } \bar{a} \text{ vor einfacher} \\ \text{aind. a vor doppelter} \end{cases}$ Konsonanz = gr. lat. sl. o.

Ueber idg. a_3 drückt er sich nicht bestimmt aus. Er sagt, es scheine sich nur im Wurzelanlaut und Wurzelauslaut zu finden und gelegentlich durch aind. i vertreten zu sein. Seine Bezeichnungen waren nicht gerade glücklich gewählt, da a_3, der reine a-Laut, zwischen a_1, das nach e, und a_2, das nach o hinliegen sollte, eine mittlere Stelle einzunehmen bestimmt war.[20]

Im folgenden Jahre fixierte er seine Ansicht in der Formel:[21]

idg. a_1 = eur. arm. ä, e — ar. a

idg. a_2 = arm. gr. lat. sl. o = kelt. germ. litt. a = ar. $\begin{cases} \bar{a} \text{ in offenen Silben} \\ a \text{ in geschl. Silben.} \end{cases}$

a_3 ist nicht erwähnt.

Dies Resultat wurde von Collitz[22] und Hübschmann[23] acceptiert, die zuerst entschieden mit der alten Lehre brachen, indem sie die schemenhaften a_1, a_2, a_3 Brugmanns durch e, o, a ersetzten. Sehr wesentlich war ein anderer Fortschritt, der in dieser Zeit (1878) sich Bahn brach. Hatte Amelung

---

[20] Die Vokalbezeichnung wäre wohl am einfachsten folgendermassen geordnet, dass man zwischen i und a drei e-Laute, zwischen u und a drei o-Laute einschöbe. Also:

$i, e^i, e, e^a, a, o^a, o, o^u, u$.

Statt e^i könnte auch i^e, statt e^a a^e, statt o^a a^o und statt o^u u^o geschrieben werden. Ich glaube, dass mit diesen 9 Zeichen sämtliche kurzen Vokale (abgesehen natürlich von den Umlauten von o und u) hinreichend deutlich bezeichnet sind. Individuell mag es noch mehr Schattierungen geben; für das ganze Gebiet einer Sprache noch mehr anzusetzen ist überflüssig. Bei der vorgeschlagenen Bezeichnungsweise hätte man den grossen Vorteil, dass die reinen Laute durch ganz klare einfache Zeichen repräsentiert wären, während man z. B. bei der Scherer'schen (ZGDS.² 55) nicht weiss, welches der reine a-Vokal, ob a_1 oder a_2 u. s. w. ist.

[21] KZ. XXIV, 1 ff.

[22] BB. II, 291 ff.

[23] KZ. XXIV, 409 Anm.

zunächst die Behauptung aufgestellt, dass die Mannigfaltigkeit des indogermanischen Vokalismus an sich ebenso wahrscheinlich sei, als seine Einförmigkeit, mit anderen Worten, dass der europäische Vokalismus ebensogut der ursprüngliche sein könne, als der arische; hatte Brugmann durch Parallelisierung der Ablautreihen des Indischen und des Griechischen eine ursprüngliche Verschiedenheit der *a*-Vokale auch im Sanskrit (also im Idg.) wahrscheinlich gemacht, so war bis jetzt ein strenger Beweis dafür nicht geliefert. Dies leistete das Palatalgesetz, worüber zuerst durch Collitz (BB. II, p. 305) und kurz darauf durch Hübschmann[24] Andeutungen in die Oeffentlichkeit gelangten. Diese beiden Gelehrten sprachen nämlich aus, dass die Palatalisierung der Gutturalen in den beiden arischen Sprachen von wesentlichem Nutzen für den Nachweis, dass dem arischen *a* in der Ursprache Vokale verschiedener Färbung entsprochen hätten, sein dürfte.[25] Ueber diesen Vorgang haben dann Collitz[26] und J. Schmidt,[27] nachdem auch Osthoff[28] kurz den Beweis dafür geliefert hatte, ausführlich gehandelt. Von Bedeutung war, dass J. Schmidt[29] auch *ē* als idg. nachzuweisen versuchte; die Untersuchung über die Existenz von *ē* und *ō* in der Ursprache wurde von G. H. Mahlow[30] weiter ausgeführt.

[24] An den eben genannten Stellen. — Nach den jüngst erschienenen Streitschriften ist es zweifellos, dass Collitz, Tegnér, Thomson und Verner, durch welchen letzteren der Leipziger Sprachforscherkreis (Brugmann, Hübschman, Osthoff u. A.) damit bekannt wurde, das »Palatalgesetz« vollständig unabhängig von einander gefunden haben. Sehr zutreffend finde ich die Anschauung K. Verners (LCB. 1886, Nr. 49 vom 27. Nov.), dass es ganz natürlich sei, dass verschiedene Gelehrte zu gleicher Zeit auf diesen »in der Luft liegenden« Gedanken gekommen sind. Ich erinnere daran, dass, wie erwähnt, die Ansicht über die Spaltung des *a* in *e* und *o* an drei Stellen (Jessen, Müllenhoff, Curtius) fast zu gleicher Zeit auftauchte.

[25] Siehe unten S. 12.
[26] BB. III, 177 ff.
[27] KZ. XXV, 1 ff.
[28] MU. I, 116 Anm.
[29] KZ. XXV, 60.
[30] Die langen Vokale ā, ē, ō in den europäischen Sprachen.

— 11 —

Nachdem eine Anzahl von Gelehrten, wie Masing,[31] Möller[32] u. a. die Bezeichnung der idg. a-Vokale, als e, a, o adoptiert hatten, gab schliesslich auch Brugmann[33] die Benennungen a_1, a_2, a_3 auf, so dass jetzt fast alle Sprachforscher[34] darin übereinstimmen, dem Indogermanischen die Vokale a, e, o und $\bar{a}, \bar{e}, \bar{o}$ zuzuschreiben. Die Forschungen über den indogermanischen Vokalismus sind dann von F. de Saussure[35] wesentlich gefördert, von Hübschmann[36] und Brugmann[37] zusammengefasst und systematisch dargestellt worden.

Zum Glück hat es der neuen Theorie auch nicht an Gegnern gefehlt, und unter ihnen war G. Curtius. „Zum Glück" sage ich; denn dadurch wurden die Anhänger der neuen Lehre dazu gezwungen, die Motivierung ihrer Ansichten aufs gründlichste zu betreiben. In der That ist zu diesem Zweck eine Fülle des wertvollsten Materials gesammelt und eine grosse Anzahl scharfsinniger Untersuchungen angestellt worden. Was Curtius in seiner letzten Schrift[38] gegen die neue und für die alte Auffassung vorbringt, ist durchweg nicht haltbar. Brugmanns Entgegnung[39] enthält auch nicht viel Neues, sondern giebt im Wesentlichen die bekannten Argumente wieder.

[31] Das Verhältnis der griechischen Vokalabstufung zur sanskritischen. Leipzig 1878.

[32] Epenthese vor K-Lauten KZ. XXIV, 518 Excurs VIII.

[33] MU. II, p. III; III. 93; KZ. XXVII, 201.

[34] Z. B. Paul (PBB. VI, 111); Scherer (Anz. III, 78); Kluge (QF. XXXII); F. de Saussure (Mém. de la soc. de linguistique III. 1878 p. 359-376); Delbrück (Einleitung in das Sprachstudium 1880. S. 58, 59).

[35] Mémoire sur le système primitif des voyelles, Leipsick 1879.

[36] Das indogermanische Vokalsystem, Strassburg 1885.

[37] Grundriss der vergleichenden Grammatik der indogermanischen Sprachen. Strassburg, Trübner, 1886.

[38] Zur Kritik der neuesten Sprachforschung, Leipzig 1885. Wie Saussure, Mém. sur le syst. prim. etc. S. 2 Anm. ganz richtig bemerkt, räumt Curtius, Grundzüge S. 54 eine ursprüngliche Verchiedenheit des e und o ein.

[39] Zum heutigen Stand der Sprachforschung. Strassburg 1885.

Fassen wir die Geschichte der neuen Theorie zusammen, so ergiebt sich folgendes: A melung nahm eine indogermanische Verschiedenheit von eur. e und eur. a an; indem er eur. e = idg. a, eur. a = idg. $\bar{a}$ setzte, Brugmann stellte die Gleichung idg. a_1, a_2 (halblang), r_3 = ar. a, $\bar{a}$, i (?) = eur. e, o, a auf, Collitz und Hübschmann nannten die idg. Laute e, o, a und wiesen zuerst öffentlich auf das Argument, welches die Palatalaffektion der Gutturalen im Arischen lieferte, hin; jener behandelte die genannte Erscheinung dann ausführlich, und J. Schmidt brachte in einer erschöpfenden Darstellung die Palatalfrage zum Abschluss.

Die Gründe für die Annahme mehrerer grundsprachlicher a-Vokale sind folgende.

Erstens: Der ganze Gang der kontrollierbaren Sprachentwicklung zeigt uns im allgemeinen einen Fortschritt vom Komplizierteren zum Einfachen, ein solcher ist auch für die ältesten Stadien der Sprache anzunehmen. Daher ist Uebergang von idg. a, e, o zu a in den arischen Sprachen viel wahrscheinlicher als Differenzierung eines idg. a zu eur. a, e, o.

Zweitens: Es ist absolut nicht einzusehen, wie ein Laut unter ganz denselben Bedingungen verschiedene Färbungen annehmen könne, während das entgegengesetzte Phänomen, dass verschiedene Laute in einen zusammenfallen, sich in den verschiedensten Sprachen, am eklatantesten im Neugriechischen in historischer Zeit vollzogen hat.

Drittens: In allen anderen Fällen hat man die Majorität der aus dem Indogermanischen entsprungenen Sprachen, wenn nicht ganz gewichtige Gründe dagegen sprachen, als ausschlaggebend für den in der Ursprache vorauszusetzenden Zustand angesehen. Es ist nicht einzusehen, warum in diesem Falle die beiden, noch obendrein in näherem Verwandtschaftsverhältnis zu einander stehenden arischen Sprachen mehr Gewicht haben sollten, als die sieben übrigen Zweige.

Viertens: (Dies Argument gilt jedoch nur für die Unterscheidung zweier a-Vokale, eines hellern und eines dunklern).

Es ist als erwiesen anzusehen, dass im Arischen die Gutturalen vor hellen Vokalen sich zu Palatalen erweichten. Da dies auch vor dem arischen *a* geschieht, welches im eur. und arm. als *e* erscheint, so ist daraus zu ersehen, dass dies ar. $a = $ idg *e* ist. Fänden wir weiter nichts als die Thatsache, dass in den arischen Sprachen Wörter von demselben Stamm neben einander existieren, die einmal vor *a* die Palatalen, ein andermal vor *a* die Gutturalen haben, so müssten wir schon aus dieser Thatsache, ganz abgesehen von dem Verhältnis in den andern idg. Sprachen, auf eine ursprüngliche Verschiedenheit der betreffenden a schliessen. Kommt nun noch hinzu, dass den meisten *a* vor Palatalen in den urverwandten Sprachen ein hellerer Vokal entspricht, so ist das Argument schlagend; denn dass durch Ausgleichung und Verschiebung vielfach auch Fälle geschaffen sind, wo keine Entsprechung vorliegt, ist ganz selbstverständlich.[40] Wenn auch für das idg. *o* nicht ein so beweiskräftiges Argument, wie die Palatalisierung der Gutturalen es für das *e* ist, vorliegt, so ist seine Existenz doch nicht minder sicher gestellt. Worauf baute denn Curtius seine Hypothese von der Spaltung des *a*-Lauts? Auf sorgfältige Sammlungen, die ergaben, dass arischem *a* bald eur. *a*, bald eur. *e*, bald eur. *o* entsprachen. An und für sich betrachtet stand es vollkommen frei, hieraus auf Ursprünglichkeit des einfachen *a*, oder auf Ursprünglichkeit der Dreiheit *a*, *e*, *o* zu schliessen. Nur das Ansehen, welches das Sanskrit damals noch

---

[40] Curtius, Zur Kritik u. s. w. S. 102 Anm. hält es Brugmann vor, dass dieser sagt: «Ob man annimmt, die palatale Affection der Gutturalen sei in urindogermanischer Zeit erfolgt, oder im Einzelleben der Sprachen (nach des Ref. Ansicht ist letzteres der Fall) ist für die Hauptfrage völlig gleichgültig» (Litt. Centralb. 1884, S. 1565). Bisher habe, meint Curtius, die angebliche Existenz von Palatalen in der Ursprache als Hauptargument für die Existenz eines *e* in derselben gegolten. Dagegen ist zu bemerken: Erfolgt die Palatalisierung in den arischen Sprachen vor dem *a*, das = eur. *e* ist, so beweist sie gerade soviel, als wäre sie in der Ursprache nachgewiesen. Sie thut die verschiedene Aussprache der a-Laute auch in den arischen Sprachen dar. Es wären dann also in allen indogermanischen Sprachen helle a-Laute vorhanden gewesen, folglich auch in der Ursprache.

als der in jeder Beziehung altertümlichste Spross des Stammes genoss, vermochte Curtius sich für die Spaltung zu entscheiden. Heute liegt die Sache etwas anders. Einerseits giebt man jetzt dem Sanskrit die Stellung, die es theoretisch schon lange einnahm, als gleich-, aber nicht als höherberechtigte Tochter des Indogermanischen, andererseits sind auch über die Gesetze der Sprachentwicklung in den letzten 25 Jahren tiefergehende Aufschlüsse gewonnen worden. Nähmen wir daher auch an, dass nach den vorliegenden Vergleichungen es uns vollständig frei stünde, uns für die eine oder die andere Lehre zu entscheiden — was für die Annahme eines e aus dem an vierter Stelle angeführten Grunde nicht der Fall ist — so würden jene Erwägungen allgemeiner Natur, die ich unter erstens, zweitens, drittens gebe, uns bestimmen müssen, die neue Theorie anzuerkennen.

Mit der Anerkennung der Ursprünglichkeit des e gegenüber arischem a fällt auch der Hauptgrund für die Annahme einer gemeineuropäischen Sprache. Soviel ich weiss, ist auch in den letzten Jahren kein Vertreter dieser Hypothese mehr auf den Plan getreten, selbst Fick[41] nicht, dessen Wörterbuch ja darauf basiert ist.

[41] Nach einer Aeusserung BB. IV. 190 hat er die Ursprünglichkeit des e anerkannt. Er spricht von dem «Ur-A, mit dem es überhaupt nichts ist».

I. Weiterentwicklung von germanischem *e* zu *i* nach Leffler; Prüfung der von ihm gewonnenen Ergebnisse.

Das *e*, für welches durch die eben besprochenen Untersuchungen idg. Ursprung festgestellt ist, hält sich in den meisten europäischen Sprachen unverändert, während es sich in den germanischen Dialekten häufig in *i* wandelt. Mit der Frage, ob in diesem Wandel eine gewisse Gesetzmässigkeit walte, beschäftigt sich eine durch methodische Entwicklung und scharfsinnige Kombinationen ausgezeichnete Abhandlung von Leopold Frederik Leffler, die unter dem Titel: „Bidrag till läran om i-omljudet" in dem zweiten Bande der neuen Reihe der „Nordisk Tidskrift for Filologi og Paedagogik" 1874 erschienen ist.

Dieselbe knüpft zum Teil an Grimm'sche Beobachtungen [42] an, der sehr nahe daran war, den von Leffler jetzt klar gelegten Satz zu entdecken: theoretische Bedenken und die Scheu, an der Symmetrie des von ihm aufgestellten Vokalsystems zu rütteln, hielten ihn davon zurück. Leffler [43] weist nach, dass der Uebergang von *e* zu *i* [44] sich in der germanischen Ursprache in vielen Fällen auf Grund der Einwirkung eines *i* oder *j* der folgenden Silbe vollzogen habe, dass diese Einwirkung sich mit ganz bestimmten, festumgrenzten Ausnahmen schon in der gemeingermanischen Periode geltend gemacht, in den germanischen

[42] Deutsche Grammatik I. 81, 82. — Bezzenberger, Ueber die *a*-Reihe der gotischen Sprache, Göttingen 1874, behandelt vielfach dieselben Fragen wie Leffler.

[43] In der im Text citierten Abhandlung S. 288.

[44] Ich werde diesen Uebergang im Folgenden bald als Umlaut bald als Assimilation ohne Unterschied der Bedeutung bezeichnen; mit welchem Recht, wird später ersichtlich sein.

Einzelsprachen sich auch auf die vorher ausgenommenen Worte ausgedehnt habe, während im got., ausgenommen vor *r* und *h*, alle kurzen *e* dem *i* hätten Platz machen müssen.

Grimm[45] hatte die Wirkung des *i* auf ein *e* der vorhergehenden Silbe in der 2. 3. Person Sing. Präs. der ersten und zweiten Klasse ablautender Verba schon früher beobachtet und sie als Assimilation bezeichnet. Leffler sucht diese Erscheinung nun als durchgreifendes Gesetz zu erweisen; er betrachtet sie zugleich als die erste Phase eines dem Germanischen eigentümlichen Lautgesetzes, dessen Wirkungen als *i*-Umlaut schon längst in den einzelnen Dialekten beobachtet und erkannt sind. Seiner Ansicht nach ist die erste Stufe des *i*-Umlauts der Wandel von *e* zu *i*; sodann sei der von *o* zu *u* gefolgt; dann erst beginne der Umlaut von *a* zu *e*, zum Teil noch vor unsern Augen, sich durchzuführen.

Die germanische Grammatik wird dadurch um ein Lautgesetz ärmer, nämlich um den *a*-Umlaut, der von den ältern Grammatikern, namentlich von Holtzmann[46], auch wieder der Symmetrie zu Liebe, ängstlich festgehalten wurde. Je geringer aber die Zahl der wissenschaftlichen Gesetze ist, je einfacher die Prinzipien sind, auf die sich die Erscheinungen zurückführen lassen, desto höher steht die Wissenschaft. Auch diese Erwägung muss uns der Leffler'schen Hypothese geneigt machen und uns den Beweis derselben als einen Fortschritt betrachten lassen.

Im Folgenden soll nun untersucht werden, ob und wie weit der Vokalismus des Althochdeutschen die Theorie, die Leffler hauptsächlich für das Gebiet des Altnordischen erwiesen hat, stützt oder nicht, und zu diesem Zwecke muss dargelegt werden, wie sich in diesem Dialekt germanisches *e* vor folgendem *i* (j der nächsten Silbe darstellt. Da dies germanische *e* nun entweder standhalten oder zu *i* gewandelt werden kann — als dritte Möglichkeit liesse sich noch Epenthese des *i* denken, wie sich denn

---

[45] Grammatik I, 81. Siehe dazu: Leffler aaO. S. 149 ff.
[46] Altdeutsche Grammatik S. 233, 234, 237.

in der That die Schreibung *ei* öfters findet — so müssen wir alle Fälle prüfen, wo *i* und wo *e*, und zwar zunächst in der Wurzelsilbe, vor einer Silbe steht, die entweder *i (j)* enthält oder zu germanischer Zeit enthielt.

Von den althochdeutschen Wörtern, in denen *i* vor folgendem *i (j)* der nächsten Silbe vorkommt, haben wir diejenigen auszuschliessen, deren erstes *i* indogermanisch ist, uns also auf diejenigen zu beschränken, die neben der Form mit *i* in irgend einer andern Form im Althochdeutschen selbst oder in einem der andern germanischen Dialekte oder in einer der urverwandten Sprachen *e* zeigen.

Ich werde nun diese Wörter nach den Silben, in denen das Umlaut wirkende *i (j)* steht, ordnen und auch die Fälle, wo ein solches *i* der Wurzelsilbe seinen Ursprung einem erst in dritter Silbe folgenden *i* dankt, einfügen; ich beginne mit den Flexionsendungen.

A. *e* zu *i* gewandelt vor *i (j)* der folgenden Silbe.

1. Die Endung is it der 2. 3. Sing. Praes.

An erster Stelle tritt uns hier die Endung *is, ist, est* der zweiten und *it, et* der dritten Person Sing. Praes. von starken Verben der ersten und zweiten ablautenden Klasse entgegen. Dem Einfluss dieser Endungen hat sich kein Verbum der betreffenden Klassen entzogen und alle scheinbaren Ausnahmen finden dadurch leichte Erklärung, dass neben den starken Verben der ersten und zweiten Ablautreihe schwache Verben hergehen, die vom reinen Verbalstamme mit inlautendem *a* durch das Suffix ja abgeleitet sind und infolge dessen das *a* zu *e* wandeln. Finden wir z. B. die Formen *wigit* und *wegit* neben einander, so geht ersteres auf das starke Verbum *wegan*, got. *vigan*, letzteres auf das schwache *wegjan*, got. *wagjan* zurück. Zweimal findet sich die Form *frezzit*; das eine Mal (Gl. I, 17, 10) ist sie verschrieben für *feizzit* (feist), das andere Mal Gl. I, 517, 13) steht sie in drei Handschriften dem *frizzit* der 12 übrigen gegenüber. Wer hier nicht an Verschreiben glauben will, kann, was Graff schon that, die Form auf ein schwaches Verbum *frezzjan*, dem ein got. *fra-atjan* entsprechen würde, zurückführen.[47] Formen wie Gl. I, 509,30 *werthit*, 504,13 *werdit*, 540,27 *werdis* und Gl. I, 569,62 *pivelehist* sind nicht als Indikative, wie Graff will, sondern mit Leffler[48] als Conjunktive aufzufassen, in denen der Ableitungsvokal geschwächt ist.

Die Pluralendung *ir*.

Von andern Flexionsendungen kommt nur die Pluralendung *ir* in Betracht, da Graff[49] und nach ihm viele andere[50] die Form *britir* als Plural zu *bret* anführt. Die einmal vorkommende Form lautet jedoch nach den bei Hattemer[51] und bei Sievers und Steinmeyer[52] vorliegenden Drucken nicht *britir*, sondern *pritir* mit langem *i*, kann also nicht als Plural zu *bret* angesehen werden. Die lateinische Uebersetzung lautet tabulata, die andere Handschrift der Glosse bietet *gibret* mit dem für *et* gewöhnlichen Siegel &. Es muss also wohl ursprünglich an jener

---

[47] Die Endungen der 2. 3. sg. praes., die den Umlaut bewirken, verdanken ihr *i* selbst dem Wirken eines solchen Umlautes (Paul in PBB. IV, 399). Sie lauteten in der Ursprache *-si* und *-ti*, mit dem Bindevokal, nicht wie Schleicher annahm, *-asi -ati*, sondern *-esi -eti*. Wir haben als idg. Formen *veghesi veghet̂i*, als gemeingermanisch also *vegeʒi, vegeđi* anzusetzen. Daraus ward erst *vegiʒi, *vegiđi, dann *vigiʒi, *vigiđi und nach Eintritt des vokalischen Auslautgesetzes *vigis, vigiþ*, wie wir es im got. finden. Nebenbei sei bemerkt: Wenn man wie Scherer, GDS² 329 thut, als gemeingermanische Personalendungen der bindevokalischen Konjugation in der 2. 3. sg. *-asi -ati*, in der 3. pl. *-anti* annimmt, so sieht man den Grund der verschiedenen Weiterentwickelung zu *-is, -it, -ant* nicht ein, wogegen sie sich, wenn man verschiedene Bindevokale annimmt, sehr einfach erklärt.

[48] Leffler, aaO. S. 148, Anm. 4.

[49] III, 289. Noch Kluge, Nominale Stammbildungslehre 1886, § 84 führt *britir* als Plural zu *bret* an.

[50] S. z. B. Grimm, Grammatik ed. Scherer I, 535.

[51] Hattemer, Denkmale des Mittelalters, St-Gallen 1844, I, 219.

[52] Sievers und Steinmeyer, Die althochdeutschen Glossen I, 431, 1.

Stelle eine mit *bret* zusammenhängende Form gestanden haben. Der Schreiber scheint das Wort aber nicht verstanden zu haben, und hat vielleicht an *breit* gedacht. Jedenfalls können wir *pritir* nicht als Pluralform zu *bret* betrachten und damit wäre das einzige Beispiel des Wandels von *e* zu *i* vor folgendem *ir* beseitigt. Die übrigen Beispiele sind:

Gl. I, 720, 52 *blechir* ⎫
Gl. I, 812, 53 *plehhir* ⎬ phylacteria
Gl. II. 485. 1 *blecchir* ⎭
N. II. 215, 24 *welferen*.
N. II, 215, 25 *welfer* (catuli).
Gl. I, 30, 4 *feldir* (campi).
Gl. II, 41. 1; I, 272, 40; I, 359. 51; I, 641. 41; I, 660, 48 *trestir*.
Gl. II, 650, 14 *pretir* tabulae.

Bei den vier ersten könnten konsonantische Hindernisse im Spiel sein; den Ausschlag gibt *pretir*: das *i* in der Pluralendung *ir* hat vorangehendes *e* nicht zu *i* zu wandeln vermocht. [53]

2. Substantiva.

Substantiva auf — *i* —.

Gehen wir nun zur Wortbildung und zwar zur Substantivableitung über, so bieten sich zunächst die Substantiva der *i*-Deklination dar, unter denen sich keines mit *e* in der Wurzelsilbe findet. [54] Natürlich hat in allen oder wenigstens in der Mehrzahl der Casus [55] dieser Deklination sich einstmals *i* vorgefunden,

---

[53] Denn das Gl. I, 641, 41 in einer Handschrift dem *trestir* von 8 Handschriften gegenüberstehende *tristi* trägt offenbar Spuren der Verstümmlung an sich und beweist nichts. Obendrein ist der Ursprung dieses Wortes in Dunkel gehüllt.

[54] Heinzel, Geschäftssprache S. 51 «Unter den *i*-Stämmen, giebt es, soviel ich sehe, gar kein sicheres Beispiel einer bloss auf *e* erhöhten *a*-Wurzel.» S. auch Ad. Holtzmann. Ueber den Umlaut, Carlsruhe 1843 S. 5. 19.

[55] Leffler, aaO. S. 268, 269.

wie wir noch im Lateinischen sehen können. Doch ist infolge des vokalischen Auslautgesetzes der Vokal zum Teil geschwunden. Ich nenne von solchen Substantiven :

Gl. II, 409, 19; 491, 1; 504, 33 *suuil*, Gl. II, 428, 15 *suil* (callum); Gl. II, 602, 11 *gisuil* (callum) zu *swellan*.[56]

Gl. II, 427, 19 *stihhin* (ictibus); Gl. II, 511, 50 etc. etc. *stich* (pugionem) zu *stehhan*.

N. II, 10, 21; 50, 9 *lib* (vitam) *libis* (vitae) trotz Schade und vielen andern wohl zu scheiden von *lib*, neben *leben*.

N. I, 314, 7 *plicches* (ictu mentis); N. I, 326, 5 *blichen* (fulguribus) etc. etc. zu einem vorauszusetzenden *blekan. Die von J. Schmidt, Idg. Voc. I, 55 angeführten Formen weisen alle auf diese Gestalt als die ursprüngliche des Verbums hin. Die Verdoppelung des stammschliessenden Konsonanten erklärt sich durch ursprüngliche Ableitung mit einem *n*-Suffix, was Kluge PBB. IX, 149-186 wahrscheinlich macht. Er führt dort S. 167 als *i*-Stämme an : an. *bekkr*, ae. *becc*, m. „Bach" gegen hd. *bah*. — An. *huppr* gegen ae. *hype*, got. *hupi*. — an. *rucch*, „Rauch" neben *rouh*. — Ahd. *bizuch*, „Anzug, Kleidung" zu *ziohan*. *blick* würde sich dann zu *bleh* verhalten, wie ae. *becc* zu hd. *bah*, nur dass *bleh* *a*-Stamm ist, während Kluge *bah* als *i*-Stamm ansieht.

N. II, 26, 7 *stricke* (laqueo) ist wohl in analoger Weise zu einem starken Verbum *strekan, dessen Ableitung ahd. *streckan* = got. *strakjan uns erhalten ist, zu stellen. J. Schmidt, Idg. Voc. I, 54, 55.

N. II, 116, 12 *hil* (adjutorium) zu *helan*.

firih, nur im Plural vorkommend (gen. *virhâ*, Musp. 51 *fireo*, Hild. 11, Dat. *firahim* MSD. I, 1) neben *ferah* O. IV, 16, 28.

wipphe (Schwung) neben schwachem ahd. *wephen*, *wepfen*. MSD, 43, 11, 7 *gire*, 77, 12 *girn* neben *geran* ahd. adj. *ger*.

---

[56] Zimmer, QF. XIII, 211 bezeichnet dies Wort fälschlich als *a*-Stamm.

Gl. II, 326, 50 *kin* ('mento) sonst ahd. *ja*-Stamm got. *kinnus* lat. *gena*, gr. γένος.

Hymn. 22, 1 *kauirich* (victoria) zu *werk*.

N. I, 260, 27. Gl. II, 191, 1 etc. *gerich* (poena) zu *rechan*.

N. I, 831, 26 *scrig*. (ascensus) zu *screcchan*.

N. I, 441, 27 *kelirn gelirn* neben *lernen*.

MSD, 34, 7, 2 *gibrist* zu *brestan*.

Gl. I, 186, 34 *casih* (visione) zu *schan*, vielleicht verschrieben aus *casiht*.

Schwieriger zu erklären sind folgende Wörter:

Gl. II, 491, 9 *cipf* (stipitis) vielleicht eines Stammes mit *sapho, zepfo, zopf*. Weigand 2² 1157 setzt ein starkes Verbum *zephan* voraus.

Gl. I, 561, 40 *sibes* (cribri). I, 674, 7 *sipe, sibe* (cribro) hat vermutlich mit gr. σίδω σί,στρον *lit. sėfas*, und mit lat. sero, säen Verwandtschaft. cfr. Zimmer QF. XIII, 82, Pott. Et. Forsch. II, 2, 307.

Gl. I, 712, 12 *wird*. MSD. X, 23 etc. neben as. *werd* (*a*-Stamm).

Gl. I, 602, 34 *gisic* (palus). I, 799, 50 *gisich, gisih* (stagnum). Daneben *sihan* (seihen). *sigan* (sich senken); lit. *sėkti (senkiu, sekaū, sėksiu) seklùs* seicht, altslaw. *sęknati (sękna)* fliessen, Bopp Gl.³ 419, 424. Kuhn Z. XI, 193. J. Schmidt JV. I, 63.

MSD. 4, 1, 3 *cuniozeidi* (Fesseln) zu √*vrad* (umwinden)?

MSD, 64, 2, 5 *quirn* in Zusammensetzung as. *quern, querna* got. *qairnuzu* s √*kar, kvar* (zerreiben). Sehr kompliziert liegen die Verhältnisse des Wortes *sigi*. — MSD, 34, 11, 5 zeigt *sigi* victoriam); auch in vielen Zusammensetzungen findet sich die Form *sigi*: Es ist aber vermutlich ursprünglich *s*-Stamm **seges* und einesteils zum *a*-Stamm erweitert wie got. *sigis* an. sigr. *ags sizor*, anderuteils nach Abfall des *s* zu starker Stammform ausgebildet. ags. *size* as. *sigi* ahd. *sigi*. Aufrecht in KZ, I, 355 stellt es zu skr. *sahas* (Kraft Stücke) und zu gr. ἔχω. Bopp Gl. ³415. Fick ³3, 316.

wint, chind, sind (MSD, 3, 2, O. III, 4, 28, Gl. I, 781, 39;

nach Zimmer. QF. 13, 117 u. v. Bahder, Verbalabstrakta, 36 a-Stamm) *crint*, auch *grint* (Gl. I, 343. 41. 707, 28 nach Zimmer aaO., ebenfalls a-Stamm) verdanken ihr *i* vermutlich anderem Einfluss, nämlich dem gedeckten Nasal.

In *miluh* (Gl. I, 542. 54) woneben im ahd. auch *miloch, milech, milich, milch* vorkommt, muss, wenn das Wort von *melchan* herkommt, was wohl nicht zu bezweifeln ist, das *u* fvarabhaktisch sein, obwohl es auch im got. *miluks* erscheint, und ich führe daher die Entstehung des *i* in der Wurzelsilbe nicht wie Leffler auf Einwirkung des *u*, sondern auf die des Themavokals *i* zurück; es ist femininer *i*-Stamm.[57]

Auch mit -ti- abgeleiteter Substantiva finden sich eine ganze Anzahl.

N. I. 397, 23 *wist* (substantia) mit vielen Compositis: *cowisti* (essentiae), Gl. II, 145, 4; *mitewist* (accidens), N. I, 397, 24; 198, 18; *anawiste* (naturam), N. II, 24, 30; 367, 16; *samwist* (Aufenthalt), Is. 37, 23; *samantwisti* (coitu), Gl. II, 406, 29; *wegewist* (cibaria), Gl. I, 310, 7; *wegawist* (viaticum), Gl. I, 369, 10; MSD, 11, 37, *hierwist* (das Hiersein), *chornewiste* (frumenti), N. II, 339, 12; *heimwisti*, O. I. 18, 45. II, 7, 22;[58] *nâhwist* (Nähe), O. IV, 11, 34; zu *wesan*.

siht in den Zusammensetzungen: *anasiht* (vultum) Gl. I, 504, 49; N. I, 22, 31 *zuversihte* (spes); N. I, 273, 3 *obesiht*; *kisiht* (visione) Gl. I, 187, 34 etc.; *wuntarsiht* (spectaculum) Gl. I, 762, 16; *avarsiht* (respectus) Gl. I, 588, 5; *foresiht* (providentia) N. I, 273, 7; zu *sehan*.

N. II, 162, 9 *jiht* (confessio)[59] mit den Compositis: *kejiht* N. I, 488, 15; *gejiht* N. II, 88, 25 und *bijiht* N. II, 155, 13 etc. zu *jehan*.

N. I, 682, 9 *geriste* (dignitatis) N. I, 696, 6 *geriste* (merito) wahrscheinlich zu einem verlorenen *resan, von dem ahd. *rarta*,

---

[57] S. über dieses Wort unten.
[58] O. I, 18, 45 cod. P. *heimwesti*.
[59] v. Bahder, Verbalabstrakte S. 68 führt ahd. *jeht* an, dasselbe findet sich jedoch nicht.

got. *razda*, ahd. *rartjan* abgeleitet [60] scheinen. N. I. 790, 17 etc. *flîht* zu *phlegan*.

Gl. I, 752, 40 *uzwirft* zu ahd. *werfan*.

O. I. 9. 4 *gifti* (doni); N. I, 253, 22 *giftt* (venena ; Gl. I. 795, 1 etc. *gipht* (gratiam) nebst *vrumegifte* primicias, N. II, 448, 31 : *widirkift* (redibitionem) Gl. II. 155, 22 ; *urkift* reditus Gl. I. 290, 38; *umbikift* (circumdatio) Gl. I. 791, 2 zu *geban*.

skiht in *werltgeskihten* N. III. 20, 14; *geskiht* (eventus. N. I. 36, 25; *anasciht* (eventus) Gl. I. 134, 40; *pisciht iares* (circulus anni) Gl. I. 275, 49; *misseskiht* (res adversae) N. I, 7. 20; zu *skehan*.

MSD, 82. 5. 1 *wihtir* (creaturas, animalia) zu adh. *wegan* Fick[3] 282.

wift in *giwifti* (velamine) Gl. II, 546, 10 ; *giwift* (materies Gl. II, 617. 60; zu *weban*.

giht ahd. nur in *firgihta*, *virgihtegote* Gl. I, 720, 12; zu *gên gân*.

O. III, 24, 51 etc. *quist* (Vernichtung) mit unsicherer Herleitung. Fick III, 55. Schade[2] 696, Bahder 66.

Gl. I. 14. 5 etc. etc. *scilt* zu *scellan*?

Es scheint, dass wir auch ein eigenes Ableitungssuffix *mi*[61] aufstellen müssen; Gl. I, 290, 72 *swibn* (soporem) zu *swelan*.

Eine ganze Anzahl ähnlich gebildeter Substantiva weisen neben den Formen mit inlautendem *i* solche mit *e* auf. Wir haben da vermutlich eine Vermischung von *a*- und *i*-Stämmen zu konstatieren.[62] Schliesslich scheint sich das Verhältniss in der

---

[60] *risan* möchte ich als aus *rinsan *rensan entstandene Form auffassen, der altes *resan zu Grunde lag. J. Schmidt führt das Wort zwar nicht an; jedoch glaube ich, steht nichts obiger Aufstellung entgegen, und g. *runs* masc. u. fem. (ῥύσις, δρόμος, lapsus fluminis), *runselin* (Bächlein), *runsig* (fliessend), *ransen* (sich unruhig hin und her bewegen) lassen sich lautlich besser von *rensan als von *rinnan* ableiten.

[61] Grimm, Gr. II, 146.

[62] Hierüber sind zu vergleichen : Zimmer, QF. 13, 186 ff. und namentlich die sehr ausführlichen Auseinandersetzungen bei v. Bahder, Verbalabstrakte S. 16 ff. S. 77 ff. Bei letzterem ist nur das, was er von der Brechung des wurzelhaften *i* durch *a* sagt, in Abzug zu bringen.

Weise geregelt zu haben, dass die *a*-Deklination im Singular, die *i*-Deklination im Plural eintrat. Hand in Hand mit dem Schwanken der Flexion geht bisweilen ein Schwanken des Geschlechts, da die alten *i*-Stämme meist masc. und die alten *ti*-Stämme meist fem. sind, während die entsprechenden *a*-Stämme neutra sind. So ist *kenist* (salutem N. II, 140, 12 fem., aber *weganest* (viaticum, O. III, 14, 90. Gl. II, 89, 41. Gl. I, 295, 27, 310, 5. 6 etc. neutrum. Doch sind diese Verhältnisse ausserordentlich verwischt.

Das Schwanken zwischen *a*- und *i*-Flexion, durch die gleichen Endungen der obliquen Casus hervorgerufen, muss nun schon in so früher Zeit eingetreten sein, dass der Wurzelvokal dadurch beeinflusst ward. Zu nennen sind etwa folgende Wörter:

Gl. II, 708, 16 *scif*, woneben viel häufiger *seef* [63] (N. II, 182, 15 etc. MSD. 10, 2; Gl. I, 237, 32 etc. etc. N. II, 81, 27 etc.).

spil neben sehr häufigem *spel*.

Gl. I, 212, 1 *halspire* R. neben *halsperc* in Ra.

Gl. I, 752, 42 *uzwirf* (iactum) neben MSD. 79, 27 *gawerf* (σύμβολον).

MSD XXX, 28 *stift* neben sehr häufigem *steft* N. I, 277, 27; N. II, 615, 28 etc.

Gl. II, 96, 65 *cod. k weganist*; Gl. I, 310, 6 *wegenist* neben Gl. I, 295, 27, 310, 5. 6 *weganest*. Gl. I, 367, 22 *fartnest*, *nest* (cibaria).

Gl. I, 280, 38 *umbiwirf* (gira) neben T. 5, 11 *umbiwerft* (orbis) zu got. *hvairban* ahd. *hwerban*.

Mathematisch sicher lässt sich der Beweis nicht führen, dass das Schwanken des Wurzelvokals von dem des Ableitungsvokals abhängt. Wenn wir jedoch bedenken, dass bei denselben Wörtern sich einerseits wechselnder Wurzelvokal, andererseits Schwanken des Ableitungsvokals findet, so ist ein Zusammenhang zwischen diesen beiden Erscheinungen doch wohl mit der grössten Sicherheit anzunehmen, die sich überhaupt in diesen Dingen erreichen lässt.

[63] Es kommt daneben auch *scafa* in der Bedeutung «kleines Boot» vor.

Mit *ja* abgeleitete Substantiva.

Wir kommen nun zu den zahlreichen mit dem Suffix *ja* abgeleiteten Substantiven;[64] von ihnen verlieren die Maskulina und Neutra im *nom. sg.* das *a* und endigen auf *i*, während die Feminina als Rest einer alten Länge das *a* beibehalten. Ich nenne von Maskulinen:

N. II, 187, 16 etc. etc. *hirte* (pastor); VSG. *hirti* neben *herda*.

N. II, 422, 2 *einsidelin*; N. III, 177, 27 *?insidele* (heremitae); N. III, 199, 12 *lantsideli* (accola) zu *sedal*.

MSD. 28ᵇ, 3 *Starzfidere* (Eigenname) zu *fedara*.

Gl. I, 606, 35; 617, 24: 618. 1 *hirsi* (milium)[65]; Gl. II, 720, 51 *hirsa* (milio).

W. 34, 1 *wines* (amici); W. 35, 1 *wine* (amicus) zu *skrt.* √*van* „wünschen" „gewinnen".

Neutra:

Gl. I, 607, 49. 50 *scirpi*; Gl. I, 500, 27 *havenscirpi* (testa) neben ahd. *scarbon*, gehört mit gr. γλάφω, γλύφω, lat. scalpo zu einer Familie. Idg. Wurzel vermutlich *skarp*.

Gl. II, 732, 28: VSG. 172 *hirni* = got. *hvairnei* zu gr. κάρηνον, κρανίον lat. cerebrum.

N. I, 750, 12 *sibunstirni* (pleiades) zu *stern*.

Gl. II, 333, 39 *chuditi* (sententiola); Gl. I, 70, 28 etc. etc. *quidi*, woneben auch *quidî* zu *quedan*.[66] Dazu Gl. I, 226, 20 *furichuiti* (praefatio): Gl. I, 70, 3 *tomquidi*; Gl. I, 60. 13 *harmquidi* (calumnia).

Gl. I, 252, 2 K. *ligiri*; MSD. 72ᵇ, 8 *farligere* (stuprationem); MSD. 77. 11 *uberligiri* (adulterio) zu *legar* T. 84. 9 *vorligiri* (adulteria).

Gl. I, 438, 4 *gilîvi* zu *gelo*.

---

[64] Schlüter, Die mit dem Suffix *ja* gebildeten deutschen Nomina. Göttingen 1874.
[65] Daneben auch *hirso*. Gl. I, 606, 38.
[66] Siehe Kögel, Ker. Glossar S. 117. 121.

Gl. I. 409, 47 *in rihte* (in directum); N. I. 306, 5 *unrihti* (temeritas).

N. I, 750, 1 *demo gilse* (sinciput, cerebrum). S. Grimm Gr. II, 999, I³, 145.

Gl. II, 568, 9 *hilzi* (capulum); Gl. II, 532, 64 *underhilze* (vaginam) neben *helzâ*.

Gl. II, 620, 22 etc. *awirche* (stuppas); Gl. I, 382, 21 *awirke* (stuppa); Gl. II, 55, 7 xxbxxkrchf = rvbvvkrchf = wawirche (subtili artificio)⁶⁷ zu *werch*, *werk*.

Gl. I, 16, 9 *nbarspicki* (arvina) zu *speck*.

Gl. I, 120, 4 *ufquimi*; Gl. I, 118, 38 *anaquimi* (exorsus) zu *queman*.

Gl. I. 82, 39 *farnibuli* (caligo); MSD. 30, 123 *genibile* zu *nebal*.

MSD. 61, 16 *rippeo* gen. plur. neutr. (costarum) neben altsl. *rebro*.

Hymn. 19, 6 *in Galilea, in Kauimizze* neben ahd. *mez, unmez, gamez*.

Gl. II, 313, 9; I, 294, 52; 335, 40; 410, 37 *smalefirihi* zu *ferah*.⁶⁸

Bei Graff II, 728 findet sich noch *milzi* (die Milz, das Organ, welches nach Ansicht der Alten den die Speisen auflösenden Saft bereitet) zu ags. *meltan*, und bei Schlüter S. 103 *gibili* neben κεφαλή.

Dazu kommen die zahlreichen mit dem Präfix *ga* gebildeten Substantive auf *ja*, meist Sammelnamen, von denen die masc. Abstrakta mit vorgesetztem *ga-* ohne weitere Ableitung wohl geschieden werden müssen.

N. I, 703, 24 etc. *gafildi* zu *feld*.

Gl. II, 418, 14 *giwitira*; MSD. 83, 61 *ungiwitiri* (tempestas); Gl. I, 170, 24 *unwitari* zu *wetar*. N. I, 712, 6; 743, 8; 796, 31 etc.

---

⁶⁷ Graff I, 964 führt auch *gawirhi* (stuppa) auf.

⁶⁸ Schlüter, S. 102, denkt an Zusammenhang mit lat. *parco*, «ich schenke das Leben», *Parca* «Lebensspenderin».

O. III, 8. 19; IV, 8, 22 *giknihti* von *kneht.*
Gl. I, 638, 22; II, 518. 18 *gasidili* (consessus) N. I. 42,
10 etc. *anasidili* (mansio) zu *sedal.*
MSD. 9, 5; OL. 26; O. I, 2, 39; IV, 9. 19 *gidigini*
(sodalitas) zu *degan.*
N. II, 31, 12 T. 4, 1 *gibirgi* zu *berg.*
N. I, 745. 1 *gewigke* (competa); T. 34, 1 *giwiggin* (angulis
platearum); Gl. I,191, 9 *urwicki* inviuni; MSD. 64. 24 *altwicki*
(calles); Gl. II, 80, 4 *awiggi* (deviis); Gl. I, 618, 12 in *thriwikkin*
(in triviro); Gl. II. 442, 32 *in die chêrawikki* (flexu) zu *weg.*
MSD. 80. 5 *kestirnis* (constellationis) O. I. 17. 25 *gistirri*
zu *sterro.*
N. I, 509, 12 *keskirre* (instrumentum). Gl. II. 10. 27 *saltilge :
scirre = satilgescirre* (falera) zu *scerran.*
Gl. I, 205. 9 *kiscirmi* zu *scerm.*
Gl. I, 420, 52 *girihte* iudicium zu *reht.*
N. III, 109, 25 *gevîlle* zu *vel* (pellis).
Graff I, 717 führt *kiwihsli* zu *wehsal*[69] und IV. 930 *gihilzi*
zu *helza* (capulus) an, siehe oben.

Bei den Femininen ist das umlautwirkende *j* gelegentlich
in *e* gewandelt und oft, nach einfacher Consonanz mit, nach doppelter ohne Consonantumlaut geschwunden. Auch ist in manchen
Fällen nicht zu entscheiden, ob diese Substantiva stark oder
schwach flektiert werden.

MSD. 31, 10. 2 *chrippun* ; N. II. 191, 26 etc. *cripfo*; O. I,
2. 36 *krippha*; T. 5, 13 *crippea* (presepio). Daneben mhd. *krebe*
(Korb) zu skrt. √*grabh* (greifen).

Gl. I, 272, 31 *sippu* (adfinitate); N. I, 792, 12; Gl. I. 460,
5 etc. *sippia*; Is. 19. 32 *sipbea* (pacis); N. II, 183, 3 *nâhsippa* von
unsicherer Ableitung. L. Meyer stellt es zu gr. σίβω, Fick zu
skr. *sabhâ* (Versammlung). Schlüter, S. 35, meint, es sei wohl
nicht von lat. *prosàpia* zu trennen. Deecke, deutsche Ver-

---

[69] Das ebenfalls von Graff I. 845 angeführte *giwilibe* statt
gawelbi aus *gahwalbi* habe ich nirgends finden können. Es ist wohl
jedenfalls verschrieben, wo es sich auch finden mag.

wandtschaftsnamen S. 35. bringt es jedoch mit √si „binden" zusammen.

N. I, 702, 16 *milewa* (tineae); Gl. II. 622. 3 *milua* (tinea); T. 36 1 *miltiwa* zu *melo. melwes*. Dies Wort findet sich auch schwach.

minna zu Wurzel *man*. ahd. ist *menan, got. *minan vorauszusetzen.

N. III, 253. 13 *unwirda* (contemptus) zu *werd*. Schade hat nur *unwirdt*.

N. I. 763, 10 *sidilla* (subsellia); Gl. I. 571, 12 *sidila* (casulam) zu *sedal*.

N. II, 73. 19 etc. *filla*; Gl. II, 307, 16 *fillom* (verberibus) zu *fell*.

MSD. 2, 6 *hiltju* (proelio) in vielen Zusammensetzungen z. B. *Hiltibraht* zu skrt. √kart. hauen.

Gl. I, 230. 7 etc. *pircha*; Gl. II. 701, 41 *birka* (arbutus) vielleicht mit *beraht* zusammenhängend, so dass es „die Glänzende" bedeuten würde, abulg. *brěza*, russ. *berëza*, preuss. *berse*, litt. *birzas*. cfr. J. Schmidt II, 74.

Gl. I. 651. 34 *chipphun* (humerulis), unsicherer Herleitung.

Auch bei einer Anzahl dieser Femininen zeigt sich ein Schwanken des Stammvokals zwischen *e* und *i*, was sich daraus erklärt, dass viele ursprünglich nur mit *a* abgeleiteten Substantiva in der Reihe der mit *ja* gebildeten hinübertreten, so dass sich das Gebiet der letztern ausdehnte. Ich nenne:

Gl. II. 623, 5 *beinbirega* (ocreae) neben Gl. II. 623. 5 *beinberga*, Gl. II, 337. 53 *peinperga*. N. II. 154, 24 etc. etc. *herebirgo* (tabernaculi) neben W. 9. 1. 13. 7 *hereberga*. *halsbirga*, *halspiriga*[70] (Graff I, 825) neben *halsperga* (Gl. II. 730, 41). Gl. I. 297, 9 *manabirga* (latera), aber W. 37. 3 *lincbergon* (cancellis): sämtlich zu *bergan*.

N. I, 697, 15 *giba*; T 13. 9 *geba* (gratia); Is. 29, 10 *geba* (gratiam) etc. zu *geban*.

---

[70] Leffler aaO. S. 232 zieht es wunderbarer Weise zu *beran*.

Gl. II. 760, 33 etc. *hilfa* neben Hymn. XXIII. 4 etc. *helfa* zu *helfan*.

O. II, 14, 38 MSD. 10, 31 *bita* [71] (precatio) neben N. II, 62, 2 etc. *beta* (petitiones) zu Stamm *bet*.

mhd. *hikve* neben N. II. 190, 1 *helewa* (paleas); Gl. II, 228, 16 *helawen* (paleis) wohl zu *helan*.

T. 10, 3 *stemma* neben häufigem *stimma*.[72] Dazu die Grundformen vermutlich *stebna* und *stebnja*, unsicherer Herleitung.

Von schwachen mit dem Suffix *ja* gebildeten Substantiven finden sich folgende Maskulina:

Gl. I. 40, 4 *lantsidileo*; O. II. 2. 23 *lantsidilon* (incolas); Gl. I, 248, 35 *einsidila* (heremus); Gl. II. 350, 4 *hohsidillo* (altithronus); Gl. II. 49. 26 *chamarsidilun* (Sarabaita) zu *sedal*.

Gl. I, 138, 15 *stihteo* (fautor) zu *steht*.

Gl. I, 57, 34;[73] 1, 268, 24 *scirmeo* (belliger) neben dem häufigen *scerm*.

Gl. I. 215. 33 *hleodarsizzeo* (necromanticus) zu Stamm *sez*.

Gl. I. 293, 66 *kilstirro* (= *gilstrjo*) (tributarius) zu *gelstar*.

Gl. I. 414, 27 *schirnon* (scurris); N. I. 146, 11 *skirnen* (scurram) neben Gl. II, 119, 25 *schernen* (histrionum); Gl. II, 88 Anm. 14[71] *skernun* (scenicis); Gl. I. 538, 19 *scinchun* (tibias)

[71] Wie *giba* als *gibja*, so ist wohl auch *bita* als *bitja* aufzufassen. Vgl. Müllenhoff u. Scherer, Denkmäler² 296.

[72] Kelle. Otfried II, 235 lasst es wenigstens als *ja*-Stamm auf. Es herrscht Zweifel, ob die Formen mit *bn* oder die mit *mn, mm* die älteren sind. Aus zwei Gründen scheint das erstere der Fall zu sein: Erstlich muss, so lange nicht das Gegentheil bewiesen ist, die abgeschliffene Form *stemna* (labialer Nasal + dentaler Nasal) gegenüber *stebna* (got. *stibna*) (labiale Media + dentalem Nasal) als die jüngere angesehen werden. Zweitens müsste, wenn *mn* alt wäre, *e*, weil vor gedecktem Nasal stehend, schon urgermanisch zu *i* gewandelt gewesen sein.

[73] In einer Handschrift auch *scermeo*.

[74] Letztere Stelle ist allerdings stark korrumpiert. Auch hier haben wir wohl doppelte Ableitung auf -*an* und -*jan* auzunehmen. Die letztere wird man in späterer Zeit nach dem Verfall der Endungen der Deutlichkeit wegen bevorzugt haben.

neben *scenkal*. Gl. L. 582. 15 *steinwirchin'un*) 'lapidarii) zu *werh*.

MSD. 11, 39 *willion*; MSD. 58. 2 *willeon* (voluntatis' zu *wellen*.

Gl. II, 347. 43 *antarwihsilun* (vicarium) zu *wehsal*.

Schwache Femina. — Gl. II, 579, 63 *thē wilgion* '[inter] salicta]. Gl. II, 582, 27. Scherz-Oberlin 2033, Stratmann ¹564, Kluge § 81.

N. II, 143. 19; 73. 19 etc. *fillā*; Ben. H. I. 39 *filloom* (verberum); I. 78 *fillino* (verberum), auch stark, zu *fel*.

N. II. 153, 13 *kibillun* (calvarie); II, 454, 1 *perich-kibilla* (calvaria); II. 163 37 *honbet-kibillun* (calvariae) zu *gebal* (Schädel). Zu demselben Worte. Gl. II, 3. 30 *gipille* (fronte), Gl. II. 510, 30 *kibilla* (testa) = χεφαλή.

Die Abstrakta auf ī (īn).

Die Gruppe der Abstrakta auf *ī* (*īn*) setzt sich aus zwei ursprünglich ganz gesonderten Abteilungen zusammen, die in einem solchen Grade unter einander geraten sind, dass eine Sonderung der Wörter nach ihrem Ursprung nicht mehr möglich ist. Es haben sich nämlich Verbalabstrakta auf got. *-ein(i)s* ahd. *-īnī* mit denominativen Abstrakten auf *ī* vermischt.[75] Jenen liegen Verba auf *-jan* zu Grunde (*-jani- = -cini*), die ein *e* der Wurzelsilbe schon vorher zu *i* gewandelt hatten, diese gehen auf Adjektiva zurück. Weil diese Bildungen nun verhältnismässig spät[76] stattfanden, so hatte das *ī* nicht die Fähigkeit, das *e* der Wurzelsilbe zu wandeln. Da die beiden Kategorien sich ganz unterschiedslos vermischten, so ist es nicht zu verwundern, dass einzelne Wörter, ohne dass ein Verbum auf *ja* daneben steht, doch wurzelhaftes *i* zeigen z. B. Gl. I. 18, 8 *simwirbili*

---

[75] Vgl. hierüber Schlüter S. 131 ff. S. 138 f. v. Bahder S. 89 ff. Kluge, Nom. Stammbildungslehre §§ 116, 149.

[76] v. Bahder, 185 »Erst im Leben der germ. Sprachen trat -i für die Bildung sekundärer (d. h. denominativer) Abstrakte in den Vordergrund.«

(circuitionis)[77] Gl. K.; doch verführte hier wohl das Subst. *wirbil*. (Das Verbum „*wirbelen*", dem altes *wirbiljan, *kwirbiljan entsprechen würde, scheint ganz neue Bildung zu sein.) Das mehrfach vorkommende Wort *wirdî* darf nicht als von *werd* abgeleitet angesehen werden (wenn es das wäre, dann müsste es das „*Wertsein*" bedeuten), sondern von *wirdjan* „*für wert halten*", „*wert achten*"; daher hat es auch die Bedeutung *reverentia* „Werthaltung". Es hat daneben in der Bedeutung „*Wertsein*", „*Würde*" ahd. *werdî* bestanden, was wir nd. als *werde* wiederfinden. *werdî* und *wirdî* wurden, weil lautlich zu wenig geschieden, schon früh verwechselt und jenes starb ganz aus; dieses dagegen nahm ganz die ursprüngliche Bedeutung von jenem an. So haben wir jetzt „*Würde*" in der Bedeutung „*das Wertsein*"; daher sah sich die Sprache genötigt, aus dem denominativen Verbum „*würdigen*" ein neues nomen actionis zu bilden, „*Würdigung*", das die Bedeutung hat, aus der sich das alte *wirdî* hat verdrängen lassen. Thatsächlich haben alle Subst. auf *î* 'ausser etwa dem oben genannten *sinwirbili*), welche ein aus *e* gewandeltes *i* in der Wurzelsilbe zeigen, ein Verbum auf *jan* neben sich, und wenn auch nicht alle als aus diesen Verben abgeleitet anzusehen sind, so hat eben eine spätere Anlehnung an dieselben stattgefunden. Es finden sich:

Gl. I, 217, 5; MSD. 54, 1 (Müll. 501) *rihti* (regula); Gl. I, 295, 50 *wegarihti* (via conpendii); N. I, 45, 19 *unrihti*; N. II, 134, 15, *grihti* (directionem); O. III, 21, 32. III. 14. 114 *girihti*. Dagegen auch: *die gerehti* (directio) N. II. 134, 13; N. III, 325, 28 *grehti*; Gl. I, 28, 36 *reht* (iustitia); O. I, 4, 17; IV, 37, 41 *ēregrehti* (majestatis); O. II, 20, 1; III, 14, 114 *ēregrehtin*. Jenes ist mit dem Verbum *rihtjan*, dieses mit dem adj. *reht* in Verbindung zu bringen.

Gl. I, 438, 4; 819, 32 *giliwi* (aerugo); Gl. I, 631, 49 ff. *gilauui* (aeruginem); Gl. II, 539, 4 *kilewi* (industriae); Gl. II, 552, 73 *gilowi* (industriae). Letztere beiden können trotz der

[77] Sonst übrigens Gl. I, 401, 34. I, 628, 44. II, 400, 37. II, 440, 60 immer mit *e* in der Wurzelsilbe.

dazu gesetzten Bedeutung doch wohl nur als Ableitungen von *gelo* angesehen werden. Sie sowie die beiden ersten sind jedoch an das Verbum *gilwjan* gelb machen) angelehnt. Ohne Wandel des *e* in *i* findet sich : Gl. II. 153, 37 *geleui* perspicatiam, Gl. I, 464, 18 *gelewi* aurugo.

Ferner N. I, 110, 2; 402. 6. 9 *slihtī* (Vollendung; N. I, 399, 14 *obeslihtī* (superficies); I, 412, 16. N. I. 401, 16 *veldslihtī* superficies ; Gl. I, 661, 45 *ubarslihtī* superficies ; Gl. II, 296, 28 *uperslihtī* superficie); Gl. II. 274, 37 *epauslihtī* ara, sämtlich zu *slihtjan*. Dagegen: Gl. II, 398, 70 *slehti* (aequore) zu *sleht*.

Ferner: Gl. I, 747, 42 *girī* (aviditate): Is. 31, 26 in *ghirīn* (per ambitionem ; Ben. II. I, 110 *nefkirū* (avariciae); Gl. II, 58, 23 *kkrk* = *kiri* (rapacitas zu *girjan*, das sich mhd. als *giren* findet. Dagegen Gl. I. 747, 41 *geri* (codex a, b, c. d) (aviditate zu *ger*.

Dazu kommt noch das oben genannte *wirdi*: O. IV, 19, 45 *wirdi*; Gl. I. 199, 1 R X) *wirdī* infulae; Gl. I, 240, 28 *wirthi*. *wirdi*, *aerwirdi* reverentia); N. I, 94, 11 *wirde* (merito); I, 107, 3 dignitas ; Ben. H. I, 115 *pi erwirdii* reverentia ; Gl. II, 313, 26 *erwirdi* reverencia,: Gl. II, 231, 12 *unwirdi* abjectio); O. IV, 12, 24 *mit unwirdin* ; N. II, 101, 2 *unwirdi* contemptu.[78] Dagegen, wie gesagt, mhd. *werde* in der Bedeutung gleich ahd. „Würde".

simwirbili und *simwerbili* sind oben erwähnt.

Gl. II. 233, 63 *fone twiri* ex obliquo), entweder = *twirhi* von *twerh*, *dwerh*, *dwerah*, abgeleitet, oder direkt zu *twer dwer* zu beziehen; es ist jedenfalls an ein Verbum angelehnt, welches sich mhd. als *twirhen* „quer gehen" findet. Sonst heisst es : Gl. II, 237, 1 *tur tuueri* per oblicum. Gl. 208, 21 *durech duuerchi* per obliquum. Gl. II, 214, 74 *durihtuerihi* per obliquum).

---

[78] Die Bedeutungen »merito« für *wirde*, »reverentia» für *erwirdi* und »abjectio, contemptus« für *unwirdi* lassen sich nur erklären, wenn man diese Wörter als vom Verbum abgeleitet ansieht.

Zwei Wörter könnte man etwa hier noch anzuführen versucht sein : [79] *firni* und *langlibi*.

Das von Schade angeführte *firni* vetustas. geht auf das selbst schon mit *ja* abgeleitete Adjectiv *firni* == got. *fairneis* zurück. Gl. I. 578. 11 *lanclibi*, *langlibi*; Gl. II. 603. 54 *lanclipi* (longevitas geht jedenfalls nicht direkt auf *lebên*, sondern auf das seltenere ahd. *libjan* oder *lib* „das Leben" zurück.

Die andern Abstrakta auf *i*. sämtlich Denominativa. bewahren das wurzelhafte *e*. Ich nenne :

N. I. 416. 23; Gl. I. 658. 16 *verri* (spacia) ; N. I. 837. 13 *ferri*. Daneben mhd. *virre* ; zu *ferr*.

MSD. 90. 140 *frechi* ; 91. 118 *vrechi* (avaritia) ; N. I. 26, 17 *die vrechi*; N. II. 500. 23 *frechi* (avaritia) ; Hymn. VIII. 6 *frechi* etc. Gl. II. 131, 67 *frechi* ambitioni) zu *freh*.

Gl. I. 121, 21 *snelli* agilitas); N. I. 106, 14 ; 248, 23 etc. *snelli* (fortitudinem); Gl. I. 363. 8 *einsnelli* (zelotipie); Gl. I. 185. 29 *unsnelli* (imbecillia) zu *snel*.

Gl. I. 97. 34 *mit huldi vel kerni* (devotione); Gl. II. 307, 30 *kerni* (ambitione); Gl. II. 81. 18 *kerni* (industria); Ben. H. I. 36 *kernii* (dignitate) etc. Gl. I. 594. 44 *hohgerni* (altitudo); Gl. II. 288. 61 *hohgerni* (altitudinis); Gl. II, 228. 33 *lihtigerni* lenitatis ; Gl. I. 356. 2 ; Gl. II. 303. 65 *firwizkerni* (curiositas ; N. III. 19. 32 ; N. I. 285. 10 *rehtkerni* (innocentia) ; N. I. 697. 1 *winegerni* (amoris); N. II. 165. 18 *lobogerni* iactantiam); Gl. II. 331. 27 *romgerni* iactantia zu *gern*.

Gl. I. 444. 43 *sinuwelli* (rotunditas ; Gl. II. 748. 32 *sinawelli* (globi zu *sinawel*.

N. I. 49. 10 *checchi* (Frische) zu *chech*, *quec*.

Gl. I. 150. 17 *heizherzi* (furor); N. II. 107, 18 *armherzi* misericordiam ; Is. 37, 12 *armherzin* (pietatis); Gl. II. 18, 14 *kelfhrzi* = *kelfherzi* (petulantia i. iactantia) zu *herz*.

N. I. 323. 4. 14 *ungehelli* (discordia) zu *gahel*.

---

[79] Das bei T. 187. 5 sich findende *quiti* (testimonium) ist Neutrum. Ich habe keinen Beleg im Althochdeutschen gefunden, der zur Annahme eines fem. *quidi* zwänge. Siehe jedoch Schade² 695.

Dazu kommen solche, in denen das umlautfähige *e* durch eine Silbe von dem *i* der Ableitung getrennt ist:

Gl. I, 28, 35; 224, 18 *epani* (aequalitas, aequitas); N. III, 21, 27 *ebeni* (aequitas); Gl. II, 446, 54 *epini* (area i. planicies); Gl. II, 507, 21 *ebini* aequore; N. II, 194, 15 *unebeni* (iniquitatem) zu *eban*.

Gl. I, 50, 27 *perahti* splendor, zu *peraht, beraht*.

Gl. I, 132, 5 *in âkezzali* (in oblivione) zu *âkezzal*.

Gl. I, 220, 6 *welaki, welagi* (divitiae) zu *welag*.

Gl. I, 42, 6, 7 *suuuepfri* (astutia; *souueffri* (ingenia) zu *swepfar*.

Gl. I, 117, 10 *smechri* (elegantia) zu *smechar*.

Gl. I, 193, 13 in *stechli* (in praecipiti) zu *stechal*.

Einige sind von Part. Praet. abgeleitet:

Gl. I, 286, 4 *pissezzani* (obsidio).

Gl. I, 742, 57 *irquemani* (stupore).

Gl. II, 311, 23 *hachuemani* (perventione).

Gl. II, 162, 19 *piquemini* (perventione).

O. V, 12, 50 *thera wesini* (substantiae).[80]

Aus diesen Zusammenstellungen ergiebt sich, dass wurzelhaftes *i*, wo es sich vor dem Suffix -*i* für *e* findet, seinen Ursprung nicht diesem, sondern der Verbalableitung -*jan* verdankt, dass also das Suffix -*i* nicht im Stande gewesen ist, vorhergehendes wurzelhaftes *e* zu *i* zu wandeln, d. h. dass das Gesetz, dass *e* vor folgendem *i* der nächsten Silbe zu *i* wurde, zu der Zeit nicht mehr galt, als jenes -*i* zu denominativen Abstraktbildungen verwendet zu werden begann.

[80] Das Gl. II, 120, 47; 125, 50; 188, 34 vorkommende *pidirpi* (neben Ben. H. I, 123 *piderbi* u. Gl. II, 120, 48 *pidarpi*) gehört nicht hierher, da die Veränderung in der zweiten Silbe vorgeht, die allerdings etymologisch als Wurzelsilbe anzusehen ist, aber schon früher als solche nicht mehr betrachtet und empfunden wurde. Daraus lässt sich auch wohl die zu weit gehende Wirkung des *i* erklären, das das *a* unbetonter Silben oft zu *i* assimilierte.

Substantiva auf -ila-, -ilô-, -ilan-, -ilôn-.

Mil *il* in der Ableitung finden sich vier verschiedene Gruppen von Wörtern:

1) Intensive nom. ag. auf *-ila-*, nach der starken Deklination flektierte Masculina (Kluge § 18).
2) Starke männliche nom. instr. mit der ersten Gruppe in nahem Connex. (Kluge § 90).
3) Weibliche nom. instrum.. welche zwischen starker und schwacher Deklination schwanken. (Kluge § 91).
4) Diminutiva auf *-ila-*, deren Geschlecht sich nach dem Grundwort richtet. (Kluge § 56).

Am stärksten vertreten ist die zweite Gruppe, während die andern nur sehr wenig zahlreiche Beispiele bieten. Die Verhältnisse sind sehr verwischt, da neben der Ableitung mit *il* es sehr häufig, gelegentlich, wie es scheint, mit etwas anders gefärbter Bedeutung,[81] eine solche auf *al* giebt, das sich in späterer Zeit ebenfalls zu *il* wandelt.

Ad 1) Gl. II. 10, 39 *wibil* (cantarus): Gl. II. 24. 25 *wible* (scarabaeis) zu *weban*. Daneben kommt auch Gl. I. 305, 7 *weval, wevil* 'subtemen' vor. was vermutlich nicht mit *weban* zusammen zu bringen ist. Pott 5², 190.

Gl. I. 263, 36 *trikil* (verna) zu got. *pragjan* „laufen", was wohl got. *prigan*, ahd. *drekan* vermuten lässt.[82] Vgl. gr. τρέχειν.

Gl. I, 680, 24 *reitrihtila*
reitrihtili   agitatores.
reitrihtelin

---

[81] Vielleicht ursprüngliche Adjektivbildungen, die dann substantiviert wurden. Kluge §§ 190, 191. Ueber Substantivierung siehe §§ 2, 17, 74, 103. § 74 ist z. B. ahd. *stumbal* m. (truncus) zu adj. *stumbal* «verstümmelt» zitiert.

[82] Schade 110 citiert noch die Form *dregil*, die ich nicht finden kann.

N. I. 331, 12 *reitrihtela*, mit einem häufig vorkommenden Bedeutungsübergang = habenae, zu *reht*.

Gl. II. 205, 11 *igil*; Gl. II, 74, 33 *merigil* neben Gl. II. 153. 55 *egila* (sanguisuges) aus *egala*. Vgl. gr. ἐχῖνος.[83]

Ad. 2) Die Herleitung dieser Worte ist zum grossen Teil dunkel.

T. 80, 6 *birilâ* (cophinos) zu *beran*.

Gl. II, 714, 40 *wirdil* (radius) von Schade nicht erwähnt, aber S. 1169 anstatt *wirtel* postuliert, zu *werdan*. Cfr. skrt. *vartulâ* „Spinnwirtel".

Gl. II. 660, 3 *wirvil* (turbo) (später *wirbil*) zu *hwerban* „sich im Kreise drehen", das ahd. auch eine Nebenform *hwerfan, werfan* zeigt. Neben *wirvil* findet sich Gl. II, 411, 42 *weribil* (sistro : Gl. II. 510, 61 *werbil* (plectrum), vielleicht substantiviertes Adjektiv. S. o. S. 35.

Gl. I. 287, 56 *stichila* (paxillos); Gl. II, 672, 73 *stichela* (vallos); N. II, 294, 22 *sticchele* (fractorio) zu *stechan*. Daneben adj. *stechal*, bisweilen substantiviert Gl. II, 253, 8 *fonna stechili*; Gl. II, 252, 51 *stechali* etc.

N. I. 704, 29 *wipfela* (culmina). nicht, wie Schade will, zu *wîfan*, sondern zu einem aus mhd. *wepfen* oder *wephan* zu erschliessenden starken Verbum *wepfan* (*wephan*).

Gl. I. 330, 31 *in gipile* (in fronte); Gl. II, 556, 69 *gibel* (testa); N. I, 270, 3 *nordkibil* (summus cardo); N. I, 839, 17 *himelgibele* polos) etc. Daneben aber *gebal* z. B. Gl. I. 452, 62 *gebal*. 457, 5; 450, 8 *kebil* (calvaria); Gl. I. 333. 13 *in kebile* (in fronti) etc. gr. κεφαλή. Bopp Gl. 148. KZ. XII, 128.

Dunkel sind: Gl. I. 319, 54 *mistil* (viscus) vielleicht zu *mezan*; Gl. I. 297, 5 *mithil* (liciatorium); N. II, 105, 23 *prittil* (frenum); N. II, 105, 24; 106, 1 *châmbrittil* (chamus), daneben auch N. I. 157, 3 *bridele* (habenae) geschrieben; N. I, 207, 21 *grifile* (graphio); N. I, 340, 9 *kriffele*; 740, 17 *griffela* (stilos),

---

[83] Pictet, KZ. VI, 85, Crt.³ 183.

das aus *graphium*, γραφεῖον entstanden sein soll, uns vielleicht erst durch das Gallische zugekommen ist.[84] Gl. I, 550, 57 *rigil* zu skrt. *argalam* nach Schmidt, JV. II, 340, Anm.

VSG. 212 etc. *himil* (celus) von derselben Wurzel, zu der *hamo* und *hemidi* gehören (Pott. II, 2² 919 Anm.).

swintil, grintil (grindil, krintil), (vectis), *wincil* (angulus), *dinchil* (far), *stingil* (collum) verdanken ihr *i* wohl dem folgenden *n* + Konsonant.[85]

Ad 3) VSG. 78 *driscila* (flagellus zu *drescan*.

Gl. I, 606, 46 *rifilon;* 611, 67 *rifilun* (Säge, Egge). Vgl. ital. *rebbio* (Zinke, Gabel), span. *rejo* (Spitze). VSG. 20 *scintilun* (laterculi) vielleicht aus lat. *scandula*.

Gl. I, 351, 3. 4. *ûoquimilun* | racemus.
             ûoquumilun |

Gl. I, 359, 54 *uochimulun* zu *queman*.

Daneben auch Gl. I, 359, 52 *noquemilun*. Möglicherweise auch als Diminutiv zu *uoquemo* zu fassen.

Ad 4) Ich finde nur Gl. II. 430, 64 *skiphil* (faselo) zu *skeph* (diese Form ist ahd. die häufigste) und Gl. II. 673, 74 *sichil* (falcem) [statt *sichila*]; Gl. I. 799, 12 *sihhila* (falcem)[86] zu *seh* (Pflugschar).

[84] Könnte das Wort nicht mit *grifan* zusammenhängen, oder wenigstens mit demselben volksetymologisch zusammen gebracht worden sein?

[85] In welcher Reihenfolge die Wandlungen des Idg. *e* zu *i* eingetreten sind, ob Wandlung durch folgendes *n* + cons. vor oder nach der durch folgendes *i* der nächsten Silbe erfolgt ist, ist noch nicht untersucht. Auch Brugmann in seinem soeben erschienenen Grundriss spricht nicht darüber. Jedoch scheint es, als ob die Priorität dem Wandel vor *n* + cons. zukomme, da dieser vielleicht auch noch in andern idg. Sprachen (z. B. im Latein.) erscheint, während die hier behandelte Erscheinung nur germanisch ist.

[86] Ich sehe keinen Grund, dies Wort nicht als Diminutiv aufzufassen, « das kleinere Schneidende » neben dem «grösseren Schneidenden». Dagegen Kluge § 91. Auch liegt keine Veranlassung vor, es als Entlehnung aus dem Lateinischen (secula) anzusehen.

Es steht hier ähnlich wie bei den Substantiven der *i*-Deklination: ein absolut stringenter Beweis, dass das *i* der Ableitungen *-ila-*, *-ilô-*, *-ilan-*, *ilôn-* das wurzelhafte *e* immer zu *i* wandele, ist nicht zu erbringen. Da aber den nicht zahlreichen Wörtern, die hinter wurzelhaftem *e il* zeigen, meist Formen mit *al* zur Seite stehen, so dürfte es nicht zu gewagt erscheinen, für diejenigen,[87] wo das nicht der Fall ist, solche zu erschliessen. Mit gutem Gewissen wird man daher dem *i* in den behandelten Ableitungen die umlautende Kraft zugestehen können.

Besondere Erwähnung erheischt das Diminitivsuffix *lîn*, unser nhd. „*lein*". Dasselbe hat sich, wie das oft vorgekommen ist,[88] aus dem alten diminuierenden *ja* durch „Ansichreissen" einer häufig vorhergehenden nominalen Ableitungssilbe erweitert und ist dann in dieser neuen Gestalt, die sich bald auch noch durch ein *n* erweiterte, produktiv geworden. Es ist natürlich, dass diese neue Bildung, wo sie unorganisch antritt, eben so wenig, wie das aus *ing* erweiterte *ling*, die Fähigkeit hatte, vorhergehendes *e* in *i* zu wandeln, und der sehr häufig eingeschobene Hilfsvokal *i* ändert daran selbstverständlich nichts. Von solchen Bildungen nenne ich:

Gl. I, 440, 40 *sperilin*, *sperlini*, *sperlin* (lanceolis), woneben häufig *spirilin*. Hier ist höchst wahrscheinlich die *skiphil* entsprechend zu bildende Form *spiril* vorauszusetzen.

Math. 9, 1. 13. 2 *sceffilin* (naviculam). Dass diese Form für *sceflin* steht[89] und nicht aus einem etwa vorauszusetzenden *sceffil* durch *in* erweitert ist, geht wohl ohne Zweifel daraus

---

[87] Leffler aaO. S. 275 glaubt, das Suffix *-il* gehe immer auf *-al* zurück, und je nach dem Zeitpunkt, in dem dieser Uebergang stattgefunden habe, sei die Wirkung des *i* auf *e* der vorhergehenden Silbe eingetreten oder nicht. Dem gegenüber glaube ich für das Germanische an zwei getrennten Suffixen festhalten zu müssen, da das angeblich jüngere *-il* sich in urverwandten Sprachen, z. B. im Lateinischen, vielfach findet.

[88] Siehe darüber v. Bahder 167 ff. 178 ff. Schlüter S. 189. Kluge § 59. Paul, Prinzipien der Sprachgeschichte 149.

[89] Vielleicht auch von *scafa* »kleines Boot« gebildet.

hervor, dass diese letztere Form gar nicht, wohl aber *skiphil*[90] belegt ist.

Gl. I, 510, 45 *nestiline* (nidulo).
Gl. I. 660, 51 *chermilin olei* (napta).
Gl. II, 181, 53. 54; I, 293, 37 *scellilinun* (tintinnabulis,.
Gl. II, 202, 52; 216, 17 *scellili* (tintinnabula).
Gl. I, 323, 54 *chellili* (receptacula).

Der Pflanzenname Gl. II, 555, 38 *swertellin* (sparteus) scheint ein Diminutiv zu einem von *swert* abgeleiteten *swertal (nhd. „Schwertel") zu sein, während Gl. II. 768, 35 *swertalla* (gladiola) eine Erweiterung desselben Wortes mit *ja* sein wird.[91] [92]

Ableitungen mit -ing.

e wird zu *i* gewandelt durch die Ableitung *ing*.[93] Der Beispiele finden sich zwar nur drei, aber sie sind unanfechtbar.

Gl. I, 255, 2 *skillinka* (aureos); MSD. 65, 1, 14 *scillingâ* (solidos), wohl unzweifelhaft zu *skellan*.[94]

N. II, 55, 28; 625, 10 etc. *wihselinga* (Vgl. Grimm Myth.² 437) zu *wehsal*.

N. II, 418, 7. 618, 30 *anasidelingen, anasidelinga* (habitatores); N. II, 447, 5. 6 *lantsideling* (accola) zu *sedal*.

Rätselhaft sind einige ganz vereinzelte Formen auf *in:*
Gl. II, 676, 2 *dâchsciribine* (testâ).

[90] Schade 792 führt ahd. *skifilin* in der That an.
[91] Beide Wörter sind von Schade nicht erwähnt.
[92] Gl. II, 216, 45. 202, 21 *nestilon* (vittis), wozu Schade als Grundform *nastilo annimmt, und *nespelun* (avellanae) Gl. II, 686, 17 sind dunkeln Ursprungs. Ebenso *laucmedili* (fulmen). Ueber dieses Wort siehe Grimm, Gr. II, 113, GDS. 1026.
[93] Gl. I, 645, 46 *lewinchlino* (leunculorum) kommt als Ableitung von einem Fremdwort nicht in Betracht.
[94] In einer Programmabhandlung des Realgymnasiums zu Magdeburg 1886 von Breddin (Beispielsammlung zur Einführung in das Studium der Etymologie des Neufranz.) S. 6, Nr. 23, 1 finde ich das Wort als «Schildling», entsprechend écu zu scutum, erklärt, gewiss nicht mit Recht.

Gl. II. 120. 38 *byrris* r. *scichuon*, nach Steinmeyer verwandt mit *secho* (stragulum).

Beide können wohl als mit *îna* gebildete Diminutive angesehen werden, während N. III. 344. 15 *wirmine* (calori); Gl. II. 617, 59 *wirmino* (calori) sich wegen ihrer Flexion auf keine der bekannten Abstraktbildungen zurückführen lassen. Ausserdem bleibt der Stammvokal *i* neben dem sonstigen *a* dunkel. v Bahder S. 50 vermutet ein Abstraktsuffix *-inâ-* und fügt als denominative Bildung das MSD. 3. 25. 98 vorkommende *firina* (nach Fick III. 175 von der Präposition got. *fair-* [= nhd. „ver") abgeleitet) an. Bei der geringen Anzahl von Belegen wird man hier nicht leicht zur Sicherheit durchdringen.

Substantive auf -ida.

Da der Ursprung dieser Bildungen zweifelhaft ist, so zähle ich zunächst alle für unsere Frage interessanten Beispiele hier auf:

1. Solche mit wurzelhaftem *i*, und zwar

a, diejenigen, neben denen Verba auf *jan* stehen:

Gl. I, 172, 10: 714, 21. 22 etc. *irrida* (haeresis).

Gl. I, 177. 16 *kirida* (inlubies); 271. 36; 318. 14 *giritha*; 747, 42 *girida* (aviditate) etc. etc. MSD. 90. 87 *gigiridon* (cupiditatibus); 90, 92 *gegiridi* (cupiditati); N. III. 271. 28 *gigirida* (cupiditates); Gl. II. 280, 62 a. c. d. *pigirido* (intentione); daneben in einer Handschrift f *pigerido* (verschrieben?); Gl. I, 12. 3 *walugirida* (crudelitas); MSD. 76. 4 *chelegiridu* (edacitas); Gl. II, 22. 8; *kelagireda* ingluviem; N. I, 35. 8 *werltkireda* (cupido mortalium rerum); N. I, 109, 23; 237. 23 etc. etc. Gl. II, 56. 27 *pfscbzgkrkda = pe scazgirida* (ambitione).

Gl. I, 194. 10 *plickida* (iubar).

MSD. 54. 1 *rihtida* (regulam); Gl. I. 648, 70 *girihtida* (instrumentum); 756. 3 *krihtida* (ordinem); 720. 2 *kerihtida* (canones); Ben. H. I, 78 *kirihtida* (correctio).

Gl. I, 234, 16 *wirthida* (dignitas); N. II. 506. 2 *unwirdeda* (contemptus); N. I, 460. 10 *anewirtedo*.

Gl. I, 260, 31 *kiscirmitha*; 261, 18 (defensaculum); MSD. 95, 20 *bischirmidi* (praesidium); Gl. II, 121, 42 *pischirrmido* (tuitio); Gl. II, 429, 48 *piscirmidi* (tutamen).

Gl. I, 311, 53 *ubarslihtida* (superficies); daneben häufig *ubarslehtida*.

N. II, 193, 12 *spirneda* (scandalum).

Gl. I, 253, 15 *kiwirkitha* (constructio).

Gl. II, 307, 61 *kahirzida* (concordia): daneben viele Formen mit *e*.

Gl. II, 472, 31 a *giligidi* situ) zu *liggan*, das wenigstens im Präsens einen mit *ja* erweiterten Stamm hat, daneben in Handschrift b *gilegidi* vermutlich zu *gilegan* = *gilagjan* gezogen.

b) die Wörter, neben welchen starke Verba mit *e* stehen:

Gl. II, 603, 8 *giscihida* (casum) zu *giscehan*.

Gl. II, 739, 4 *biwillida* (infectatio) zu *biwellan*.

MSD. 90, 69 *pigiheda* zu *bijehen*.

Gl. II, 212, 74 *anakiwripido*, wohl verschrieben aus *anakiwurpido* (iaculatione) zu *werfan*.[95]

Gl. II, 408, 21 findet sich *gesuibido* natatu. Vom subst. *sweb* finden sich abgeleitet *swebèn* und *swebòn*; vermutlich hat sich auch einst ein Verbum *swibjan* erster schwacher Conjugation gefunden, das Veranlassung zu jener Bildung gab.

c) Denominativ:

Gl. II, 148, 41 *thera frihhida* (avaritiae) zu *freh*.

2. Wörter mit wurzelhaftem *e*:

a) Von Verben mit wurzelhaftem *e* abgeleitet:

Gl. II, 757, 58 *pivelhido* (funeri) zu *pivelhan*[96] und das oben genannte *pigerido* (intentione); Gl. II, 280, 63 (Handschrift f) zu *pigeren* oder *pigeron*.

[95] v. Bahder S. 160 führt nach Graff III. 358 noch *phligida* (periculum) zu *phlegan* an.
[96] Amhd. übrigens bevilhede mhd. bivilde. pivilde. bevilde. pevilde.

b) Denominativ:

Gl. I, 30, 2 *epanida* (aequore) zu *epan*.

Gl. I, 587, 20 *forahersida* (precordia); Gl. II, 635, 62 *furihersida* (praecordia); Gl. II, 308, 32 *missehersida* (discordia); Ben. II, I, 45 *armihersida* (misericordia); N. III, 332, 15 *irbarmhersida* (misericordia).

Gl. II, 310, 52 *slehtida* (planicies); Gl. I, 335, 34; 542, 26; 654, 9 *ubarslehtida* (superficies); Gl. I, 353, 37 *in ubarslehtida* (in superficie).

Wenn wir diese Zusammenstellung von Substantiven auf *ida* betrachten, so fällt zunächst ins Auge, dass die bei weitem grösste Anzahl derselben von Verben abgeleitet ist, oder, da dies ja nicht in allen Fällen als sicher zu erweisen ist, wenigstens Verba neben sich hat, nämlich 16 von 20: *irrida, girida (pigerida), plicchida, ruhtida, wirdida, biscirmida, ubarslihtida, spirnida, giwirkida, gahirsida, giligida (gilegida), giscihhida, biwillida, anakiwirfida, phligida, bifelhida*; nur 4 sind denominativ: *frihhida, epanida*, wenn man nicht vorzieht, dies von *epanòn* herzuleiten, [*fora-*] *hersida, ubarslehtida*, was in dieser Form natürlich nicht von *slihtjan* herkommen kann. Dies Zahlenverhältnis würde dafür sprechen, diese Abstrakta als ursprünglich von Verben, und zwar zunächst von Verben auf *jan* abgeleitet anzusehen. Dafür hat sich auch Grimm II², 230 entschieden: „Uebrigens lassen sich alle angeführten gotischen Feminina auf *iþa* sowohl von adj. leiten, wie *airzis, daubs* u. s. w., als von schwachen Verbis erster Konjugation, welche sich fast zu sämtlichen Wörtern darbieten, ausgenommen zu *armahairtiþa, niujiþa, qvrammiþa* und *invindiþa*, wo sie doch auch vorausgesetzt werden dürfen." [97]

---

[97] v. Bahder, Verbalabstrakta S. 157 sagt: »Noch im Gotischen lassen sich alle Bildungen auf -iþa (zu -ida dissimiliert in *aupida* und *vairpida*) als Denominativa auffassen, wie schon Grimm II² 230 bemerkt hat.« Er hat also der Aeusserung Grimms das für seine Anschauung Günstige entnommen.

Man sollte nun meinen, bei dieser Lage der Verhältnisse im Gotischen und Althochdeutschen sei kein Zweifel mehr an dem verbalen Ursprung dieser Substantiva. Trotzdem stimmen eine ganze Reihe neuerer Gelehrten darin überein, das in Rede stehende Suffix als ursprünglich denominativ anzusehen, nämlich Fick,[98] Leo Meyer,[99] Tamm,[100] v. Bahder und Kluge. Vermutlich hat Fick durch eine kurze Notiz dazu die Veranlassung gegeben, in der er -*ta* als idg. Sekundärsuffix bezeichnet, welches Abstrakta im Sinne unseres -*heit* von Adjektiven bilde, und zum Beweis 4 Beispiele anführt. Aber wer sagt uns denn, dass dies -*ta* dasselbe Suffix ist, welches im germanischen -*iþa* steckt? Hören wir Schleicher, Compendium, § 224, S. 419: „Das Element *ta*, eines der häufigsten Suffixa unserer Sprache, wird in der Stammbildung und Wortbildung vielfach angewandt. Es bildet das Suffix *ta* nicht nur das sogleich zu erörternde Adjektivum, das ursprünglich wohl eine allgemeinere Funktion hatte .... und sich erst in einer späteren Periode der idg. Ursprache als regelmässiger Ausdruck des part. perf. pass. festsetzte, sondern auch substantivisch fungierende Nomina z. B. altbaktr. *ha-mere-tha* (msc. Feind) w. *mar*, *mere* (sterben: *ha*- mit, zusammen); *çtu-ta* (msc. Gebet) w. *çtu* (preisen); *çravta* (ntr. das Hören) w. *çru* (hören) u. a.; griech. κοί-το- (msc. Lager, Bett), κοί-τη (fem. dasselbe) w. κι (κεῖται) .... Hierher gehören die nom. ag. msc. mit gesteigertem Stammauslaute auf -τη- u. s. w." Ferner sagt Kluge, Nom. Stammbildungslehre, § 120, S. 55: „Idg. *tā* — germ. *þō : ðō* ist für primäre Bildung von Verbalabstrakten (vgl. griech. βροντή zu βρέμω) nur in urgerm. Zeit produktiv gewesen; die historischen Phasen des germ. haben zerstreute Reste bewahrt. Es besteht teilweise ein Parallelismus mit den Verbaladjektiven, deren substantivierte Feminina zu Verbalabstrakten geworden sein

---

[98] KZ. XVIII, 455.
[99] Got. Sprache § 397 S. 516.
[100] Om fornnordiska feminina afledda på -*ti* och på -*iþa*, 1877: For öfrigt ir att märka rörande de germaniska feminina på -*iþa*, att de i de allra flesta fall än utgångna från adjectiv, etc. S. 38, 41. Anm.

können." Haben wir also ein idg. Verbalabstrakta bildendes Suffix -*ta*, warum dann zu einem andern -*ta* greifen, um die Ableitung der massenhaften Verbalabstrakta des Gotischen und namentlich des Althochdeutschen zu erklären. Nicht besser steht es mit dem Grund, den v. Bahder[101] für die Behauptung, dass das Suffix -*iþa* „im Urgermanischer gewiss ausschliesslich denominativ" war, anführt. Er sagt, bei *vargiþa* verbiete schon die Bedeutung „*Verdammnis*", nicht „*Achtung*", es von dem Verbum *vargjan* abzuleiten. Dagegen ist zu bemerken, dass gerade der Bedeutungsübergang eines nomen actionis zur Bezeichnung des Effekts der betreffenden Thätigkeit, also zu der eines bleibenden Zustandes, zu den allergewöhnlichsten[102] gehört: man denke nur an die nhd. Substantiva auf -*ung*. Dies Argument ist daher schlecht gewählt und beweist nichts.

Was spricht nun für die Ursprünglichkeit der Verwendung des Suffixes zur Bildung von Verbalabstrakten?

Erstens das Zahlenverhältnis. v. Bahder, S. 157, sagt: „in allen andern (ausser dem got.) germanischen Dialekten hat das Suffix neben der denominativen in ausgedehntem Masse verbale Anwendung gefunden." Da nun Grimm II², 230 sagt, dass im Gotischen sich alle Bildungen auf -*iþa*- als verbale Ableitungen auffassen lassen, so stimmen alle germanischen Dialekte hierin überein. Für das Althochdeutsche — die anderen Dialekte zeigen nur sparsame Verwendung des Suffixes — giebt v. Bahder, S. 160, selbst das Verhältnis folgendermassen an: 80 unzweifelhaft denominative, 23 zweifelhafte und 178 zweifellos verbale Bildungen. Ich gebe zu, dass dies Argument nicht durchschlagend ist; denn man könnte denken, die älteren ursprünglicheren Bildungen seien im Verschwinden begriffen, nur die jüngern hätten sich gehalten. Dennoch glaube ich, diesen Grund

---

[101] S. 157 stellt er seiner Hypothese zu Liebe die Uebereinstimmung des an. und ahd. in den Bildungen *folgiþa* und *garviþa* als eine zufällige dar, er will diese Bildungen nicht als gemeingermanisch anerkennen.

[102] Paul, Prinzipien² S. 93.

hier anführen zu dürfen, da er in Verbindung mit den andern nicht irrelevant erscheint.

Zweitens die Schwierigkeit, den Bedeutungsübergang von Substantiven, die eigentlich eine Eigenschaft bezeichneten, zu nomina actionis plausibel zu machen. Die Forscher, welche die germanischen Ableitungen auf -iþa als Denominativa ansehen, müssen nämlich eine spätere Uebertragung dieser denominativen Ableitung auf Verba annehmen. Das setzt aber einen Bedeutungswechsel dieser Substantiva, die eigentlich eine Eigenschaft bezeichneten, voraus, der sie zu nomina actionis wandelte. Denn solange nicht einige der Substantiva auf -iþa eine Handlung bezeichneten, konnte die Verwendung dieses Suffixes zur Ableitung von nomina actionis sich nicht ergeben. Dieser Wandel scheint jedoch sehr unwahrscheinlich, während der umgekehrte, dass das ursprüngliche nomen actionis zur Bezeichnung eines bleibenden Zustandes (also auch einer Eigenschaft) verwendet wird, ein ganz gewöhnlicher und erklärlicher [103] Vorgang ist. Aber nicht nur für den von uns angenommenen Bedeutungswandel, ohne den sich eine Uebertragung des verbalen Suffixes auf Nomina nicht denken lässt, finden wir Analogien, sondern auch für die formelle Seite des Vorganges. Wir haben es vermutlich bei diesen Wörtern mit substantivierten fem. von part. praet. pass. zu thun.[104] Diese Art, Verbalabstrakta zu bilden, können wir in allen romanischen Sprachen beobachten, z. B. *journée* = *giornata* = *diurnata*; *entrée* = *intrata*; *curée* = *curata* etc. Das Lateinische bildete seine nomina actionis ähnlich, nur mit einer Erweiterung durch das Element *ja* z. B. *constructio*, *blanditia* etc. Auch im Gotischen war das nomen actionis und das part. praet. pass. fem. vermutlich ursprünglich identisch; jedoch trat in Folge verschiedener Accentuation später Verschiedenheit der Dentalstufe der Endung ein, z. B. subst. *vargiþa* „die Verdammnis" und part. praet. pass. fem. *vargida* „die Verdammte." — Nun könnte

---

[103] Siehe z. B. Kluge § 138; vgl. unser nhd. = ung.
[104] Siehe oben S. 43. 44.

man uns gerade diesen engen Anschluss jener Substantiva an das Verbum entgegenhalten, um damit die Unmöglichkeit der Uebertragung dieses Bildungsprinzips auf nomina darzuthun. Da sind wir nun in der glücklichen Lage, auf die erschöpfenden Zusammenstellungen hinzuweisen, die Pott in seinen „Etymologischen Forschungen", II, 1², S. 1006 ff. über die „denominativen Partizipien" gemacht hat. Das reiche Material zeugt von der Häufigkeit der Uebertragung gerade unseres Suffixes von verbalen auf denominative Bildungen und kommt unserer Beweisführung so in erwünschter Weise zu Hilfe.

Als dritten Grund führe ich folgenden, der uns wieder zu unserm eigentlichen Gegenstande zurückführt, an: der unzweifelhaft alte Wandel von *e* zu *i* durch folgendes *i* findet sich bei Ableitung von Verben mit wurzelhaftem *e* in der Regel, bei denominativer Herleitung einmal: *giscihhida* zu *giscehan*, *biwillida* zu *biwellan*, *anakiwirfida* zu *werfan*, *phligida* zu *phlegan* vielleicht *gestibida* zu *steben* (dagegen *pifelhida*, woneben amhd. *befilhede*, was sich nicht erst in ahd. Zeit aus jenem entwickelt haben kann, daher auf früheres Schwanken zwischen *e* und *i* hinweist, und das zweifelhaftere *pigerido*). Andererseits: das eine *frihhida* zu *freh* (dagegen die allerdings nicht zahlreichen, aber in verschiedenen Zusammensetzungen häufig vorkommenden *epanida*, *herzida*, *slehtida*). Daraus wird man schliessen können: die verbalen Bildungen sind älter, als die nominalen, jene ursprünglich Verben auf *-jan* zukommende Ableitungssilbe *-ida* wurde schon zur Zeit der Geltung des Wandels von *e* zu *i* durch folgendes *i* auf andere Verba übertragen: erst in einer späteren Zeit, als dieser Wandel im Absterben war, vergass man, dass das Suffix ursprünglich verbal war und brauchte es zu denominativen Ableitungen.

Was ist das Facit? Wir haben im Germanischen Ableitungen mit *-iþa* von nominalen *-i-* und *-ja*-Stämmen, und auch von *-a-* und *-u*-Stämmen. Wir haben andererseits Ableitungen mit *-iþa* von Verben auf *-jan*, aber auch von solchen auf *ên* und *ôn*, ja selbst von starken Verben. An und für sich betrachtet, könnte daher eben so gut diese Art der Ableitung ihren Ursprung von nominalen -i- und -ja-Stämmen genommen, sich von da auf -a- und -u-Stämme, und weiter auf Verba ausgedehnt haben, als umgekehrt. Da für jene Annahme absolut kein Grund spricht; für diese wenigstens einige Momente, deren Gewicht ich allerdings nicht überschätzen will, angeführt werden können, so scheint mir die letztere wahrscheinlicher. Das Suffix -ida fand also seine erste Anwendung bei schwachen Verben auf -jan; da wurzelhaftes e schon durch letztere Endung zu i gewandelt war, konnte es hier seine assimilierende Kraft nicht zeigen; dies that es aber, als es auf andere Verba übertragen ward. Dass diese Kraft auch bei der schliesslichen Uebertragung auf nominale Ableitungen noch nicht ganz erloschen war, beweist das einmal vorkommende *frikhida*, wenn wir nämlich diesem einen Beispiel soviel Gewicht beilegen wollen.

3. Adjektiva.

Adjektiva auf -ja.

Von Adjektivableitungen kommen an erster Stelle die mit dem Suffix -ja- in Betracht, da sich adjektivische i-Stämme im Germanischen nur in sehr beschränktem Masse finden,[105] und zwar kein einziger, welcher unsere Frage berührte. Bei jenem ist wiederum im Auge zu behalten, dass vielfach neben Adjektivbildungen mit -a solche mit -ja stehen, ja, dass sogar teilweise Verwirrung eingerissen zu sein scheint.[106] Schlüter spricht nämlich S. 52 von Bildungen, die entweder in einem Dialekt ohne ableitendes -ja erscheinen, in dem andern mit demselben; oder welche in beiden Gestaltungen in ein und demselben Dialekt nebeneinander vorkommen; er fügt hinzu, das -ja erscheine in diesen entschieden jüngeren Formen als etwas ganz Ueberflüssiges, welches nach Belieben stehen oder auch fehlen könne.

---

[105] Vielleicht kann man *gir* und *grim* als solche auffassen.
[106] Kluge §§ 176. 177.

Ich gebe zunächst die Beispiele:

Gl. I, 32, 24 *kiri* (avidus); MSD. 31. 25. 4 *gir* (avidus); MSD. 59, 4. 10. 19 *ghiri* (ambitiose); VSG. 262 *girer* (cupidus); Gl. I, 12, 20 *walugiri* (crudelis); Gl. I, 242, 11; 184, 13; Gl. II. 315 15 *walukires* (crudelis) neben Gl. I, 33. 25 *nefkerer* (avarus).

VSG. 155 *milter* (humanus); Gl. I. 182, 28 *unmilti* (immitis) von unsicherer Herleitung. Leffler aaO. 7 stellt es mit an. *mjolk*, *mjölkr* u. s. w., Fick mit *maltr*. *melta* (= *maltja*) und ags. *meltan malt* zusammen, während Schlüter S. 43 an skr. *mrdu*, gr. βραδύς, sl. *mladŭ*, lat. *mollis* denkt und L. Meyer es mit *malan* (molere) in Verbindung bringt. Jedenfalls scheint Wandel von *e* zu *i* vorzuliegen.

Gl. I, 11, 15; 272, 1; VSG. 314 *wildi* (silvaticus). Schon letztere Bedeutung weist auf den Zusammenhang mit *wald* hin. Grimm II, 58 Nr. 582 ergänzte ein Verbum *weldan*, dessen Existenz Schade jedoch bezweifelt, ob mit Recht oder Unrecht, ist fraglich.

Gl. I, 316, 48 *crimmer*; Gl. I, 12, 6 *grim* (acerbus) neben *gram* (zornig, mutig) und *gramjan* (zornig machen). Vermutlich ist starkes *greman* vorauszusetzen.

Gl. I, 272, 39; 273, 45 *sipper* (adfinis); O. I, 5, 59 *gisibba* (affinis); MSD. 72 b, 19 *unsipberon* (hostiliorem) etc. etc. von unsicherer Herleitung.[107] Daraus ist durch Substantivierung des Femininums das Wort *sippa* gebildet.

Gl. I, 703, 3 *durah mittaz land* (per mediterranea); MSD. 64, 8 *mittan* (medium) etc. etc. = lat. *medius*, skt. *mádhyas*. Daneben ahd. *metaman* (mediocri); Ben. H. 1. 115 und N. I. 682, 17 *metemiscaft* (mediocritas) etc.

MSD. 2, 25 *irri* (zornig) = got. *airzeis* zu lat. *errare*.

MSD. 38, 133 *dikki*, dunklen Ursprungs, zu vergleichen ist litt. *tánkus* (dicht).

Gl. II, 454, 36 *scitirero* (rari) neben dem adv. *sketaro*.

---

[107] Siehe oben S. 27.

N. I, 109, 17: 773. 13 *gespirre* (additus) N. I, 451, 27 *kespirre* wohl zu *sparro* und *sparrjan* = *sperran*.

N. I, 676, 17 *firniu* (antiquata); II, 142, 7 *firne, firnen* (veteres) = got. *fairnja* ags. *fyrn* aus idg. *para* (fern). Schade führt noch lit. *pérnai* (im vorigen Jahre) apers. *parana* (der frühere) an.

N. I. 836, 21 *libchicchûn* (vivificae) zu *queck*.

Gl. I, 312, 15 *awiccun* (vagus); 361, 39 *awiccun* (per agrum): Gl. I, 424. 23 etc. *awiccun, awicco, awickeru*; N. II, 625, 12 *âwikkiu* (prava); III, 368, 26 *awicgiu* (prava); III, 215, 2 *awikke* (invio); Gl. II, 345, 56: 396, 32 *awikki* (invia, compita); Gl. II, 410, 22 *kewicke* (compita); Gl. II, 412, 35 *kewicken* (compita). Daneben N. II, 417, 22 *âwékkemo* (pravo); II, 313. 18 *awékkiu* (prava); N. I, 162, 15 *âwekke* (devia); N. II, 417, 18 *awekkes*; N. II, 465, 6 *âwekke* (invio) zu *weg*.

Gl. I, 122, 37: 123. 39 *urhirzi* (excors). Daneben I, 123. 37 *urherzi, urherz*; Gl. I, 543, 23: 541, 49 *urherzer*.

Gl. I. 110, 41 *ungaherce*
ungiherse
uginherz   } discors.
ungeherz

Gl. I, 112, 1 *uncalihherce*
unkilihherze   } dissimilis cordis.

Gl. I, 790, 6 *armherze* (misericors); N. II. 357, 24 *armcherzen*: 357, 24 *armcherzer* (misericors); O. II. 16, 17 *thie armcherze* (misericordes); T. 32, 9 *miltherzi* (misericors); N. II, 32. 3 *dié rehtherzen* (rectos corde) zu *herz*.

Gl. I, 185. 16 *widarpirkin* (ardua alta); Gl. II, 315, 2 *widarbirgi*
widarpirgi   } ardua; Gl. II. 335. 2 *uidarpirci* (arduam). Daneben Gl. I, 8, 22 *widarperc*
widharperg   } arduus.
widerperki

· Gl. II, 650. 33 *langlipen* (longevum) und T. 97, 6 *gistimmi* [sang] (symphoniam) setzen wohl schon Stammwörter mit *i* voraus. *rehtgernia* (iusti) Matth. 23, 35 ist vermutlich *a*-Stamm.

welagerihtin |
karihtin } idonea Gl. II, 102, 43 ist wohl als Part. Praet. zu *rihtan*, *rihtjan* aufzufassen.

Wie man sieht, sind die Adjektiva auf -*ja* mit *i* ohne Nebenform mit *e* nicht häufig. Es sind *mildi*, *wildi*, *sippi*, *mitti*, *irri*, *dikki*, *gespirri*, *firni*, *lihchicki*. Fast bei allen diesen Wörtern ist die Etymologie nicht durchsichtig, was darauf hindeutet, dass sie ältern Ursprungs sind. Betrachten wir die Formen, bei denen sich sowohl *i* als *e* findet, so müssen wir dabei bedenken, dass von demselben Stamm Adjektiva auf -*ja* und auf -*a* gebildet werden konnten. Dies wird der Fall sein bei:

awikki und *awek*.
giri und *ger*.
urhirzi und *urherz*.

Fraglich ist es, wie *urherzi* neben *urherz* und *urhirzi* aufzufassen ist. Da alle drei Formen derselben Quelle in verschiedenen Handschriften angehören, so könnte man annehmen, *urherzi* sei eine aus dem mit -*ja* gebildeten *urhirzi* und dem mit -*a* abgeleiteten *urherz* kontaminierte Form. Dagegen spricht die Form *miltherzi*, welche sich ebenfalls findet. Aehnlich steht die Sache mit *widerperki*, welches sich neben *widarperc* in derselben Handschrift wie *widarpirki* findet. Wir werden bei diesen vermutlich spät gebildeten Formen auf -*ja* wohl konsonantische Hindernisse vor uns haben; davon wird später die Rede sein.

Adjektiva auf -*ig*.

Die Adjektiva auf -*ig* sind ursprünglich denominativ gewesen, was sich aus der Bedeutung „*mit einer Sache behaftet*" und aus den urverwandten Sprachen ergiebt. Erst später wurden mit dem Suffix auch von den Präsens-Stämmen starker Verba Adjektiva abgeleitet.

N. II, 255, 16 *kirigen* (promptum); II, 371, 26 *kirige* (cupidi); Gl. II, 234, 12 *kiriken* gulae dediti; W. 140, 4 *giregan* (cupidum) zu *ger*.
Gl. II, 422, 13 *girniga* (rapacem) zu *gern*.
O. IV, 13, 41 *wirdig*; Matth. X, 13 *wirdich*; Gl. I, 14, 10 etc. *wirdic* (augustus); Gl. I, 68, 26 *erwirdic*; N. I, 36, 2 *êrwirdig* reverendus; Gl. II, 314, 31 *erwirdiker* (venerabilis); Gl. I, 585, 19 *unerwirdigemu* (inreverenti); Gl. I, 304, 22. 23 *puozwirdigorun* (emendatiore): Gl. I, 311, 35 *puozwirdigora*, zu *werd*.
Gl. II, 392, 43 [*daz*] *zwifidrige* [*swert*] (bipennem) zu *fedar*.
Gl. II, 617, 34 *vorowiegigo* praevius zu *weg*.
Ben. H. I, 39 *widarpirkiga* (arduam) zu *berg*.
Gl. I, 790, 23 *wihseliga* (mutuam); N. I, 279, 29 *wihselig*; 279, 29 *unwihselig*; 280, 26 *hertuuihselig*; 341, 2 etc. *hertwihseliga* (alternum) zu *wehsal*.[108]
N. I, 119, 1 *einrihtigo* (rigidus) zu *reht*.
N. I, 268, 8 *ihselig* darf, wenn auch vom lat. *exul* abgeleitet, doch wohl auch hier genannt werden.

Von Verben abgeleitet:
N. I, 71, 31 *zimig* (decens); 718, 21 *zimigor* (decentior); 794, 5 *zimigosta* (decentissima): 153. 10 *unzimige* (indecores) etc. zu *zeman*.
Gl. I, 284, 35 *stirbigaz* (morticinum); 520, 4 *stirpigi* (morticina); N. I, 16, 30 *stirbigôn* (mortalium) etc. N. II, 75, 6 *unstirbiga* (immortalem); II, 60, 20 *unstirbigemo*; Gl. II, 641, 35 *stiripiger* (moribundus) zu *sterban*.
N. II, 4. 3 *pirig* (fruchtbar); II. 201, 7 *birigen* (fructiferae); II, 257, 11 etc. *birige* (uberes); II, 346. 1 *umbirige* (steriles) etc. N. I, 91, 5 *ebenbirig* (aeque fertilis); Gl. II, 2. 6 *lipbirigin* (victurae); Gl. II, 643, 12 *zvipiriges* (biferi) zu *beran*.

[108] Daneben findet sich N. I, 165, 19 *wehseligora* (fugatior); II, 11, 13 *wehselich*; II. 25, 2 *wehsallicha*; N. III, 10, 11; III, 22, 10 *wesellih*; Gl. II, 4. 32 *wissilichen* (mutua); diese Formen gehen wohl alle auf ein ursprüngliches *wehsal-lih* zurück, was das Behurren des *e* erklärt.

Gl. I, 50, 40 *uncaquidic* (apocrife) zu *quedan*.

N. II, 457, 19 *unirige* (immobiles); N. II, 288, 1 *wirig* etc. etc.
N. I, 455, 24 *wirigen* (permanentibus); 449, 16 *wirigôra* (permanentior); N. I, 798, 28 *únwirigen* (caducis) zu *wesan*.[109]

T. 82, 9 *lirige* (docibiles) zu *lesan*.[110]

Bei den beiden letzten Adjektiven haben wir wegen Suffixbetonung grammatischen Wechsel. Bei folgenden Wörtern fand sich das *i* schon in den Stämmen, von denen sie abgeleitet sind:

Gl. I, 780, 5 *durhsihtiga* (evidens) von *siht* zu *sehan*.

N. I, 223, 28 *skihtig* (furchtsam) und N. I, 802, 8 *liehtskihtiga* (lucifugam) von *skiht* zu *skehan*.

N. I, 237, 30 *giuhtig* (geständig) von *jiht* zu *jehan*.

Gl. II, 252, 7 *halplipiger* (semivivus) von *lip* zu *leban.

N. II, VIII, 5 *gelirnige* (docibiles) von *lirnjan*.

N. I, 352, 12 *geristige* (digna) zu *garisan*?

N. I, 707, 11 *únhirmigero* (festinata) neben *hirmjan* (conquiescere) und *hirmi* (quies) zu unbekanntem Stammwort.

N. I, 167, 23 *gibedig* (ferax), vermutlich aus *gibidja (= ags. *gifeþe*) weitergebildet, verdankt sein *i* schon der ersten Ableitung.

Gl. I, 261, 3; 267, 26 *wilwerbic* (turbulentus, volubilis) auch *hwiliwerbic* gehört zu *hwarb*, *hwarbôn* (sich drehen); N. II, 554, 21 *únwegig* (unbeweglich) zu *waga*; T. 40, 2 *hevig* (molestus); W. 139, 1 *hevigiu* (grosse) zu *hafjan*; N. I, 83, 32 *uuérig* (perpetua); 82, 6 *unuuérig* (non perpetuum); 203, 1 *einuuérig* (perpetuum); 352, 14 *uueriga* (perpetuum); 205, 5 *langwerigi* (diuturnitas) zum Stamm *war-*, der sich in alts. *warôn* (dauern) findet.

Anders zu beurtheilen ist N. II, 43, 16. 17 *armherzich* und N. II, 26, 21; 327, 25 *awerfigen* (reprobum), das seiner Bedeu-

---

[109] Siehe weiter unten.

[110] N. II, 489, 9 *lérig* (docibiles) = g. *laiseigs*, was Schade mit « lehrfähig » « zum Lehren geschickt » übersetzt, gehört zu *lérjan* = got. *laisjan*.

tung nach nicht von *âwerf* (abjectio) und *âwerfôn* (verwerfen) zu trennen ist; diese beiden Wörter scheinen den Umlaut zu *i* der hindernden Konsonanten wegen zu missen.

Adjektiva auf -il, -in, -isk.

Andere Adjektiva kommen nur in sehr geringem Masse in Betracht. Da sind zunächst auf *-il:*

O. V, 1, 21 *mittilo*; N. I, 749, 14 *mittelosten* (mediissimi) und in vielen Zusammensetzungen, neben *metal* = an. *medal*, ahd. *metalosto* und mit zu *i* geschwächtem *a* in *metilscaft* (medietas).

MSD. 17, 40. 42 *mikil, mihil*; N. I, 9, 11 *micheles* (inexhausti) neben gr. μεγα).:

Ferner auf *-in:*

Gl. I, 420, 18; 424, 33 *kirstino* (hordei); O. III, 6, 28 *girstinu* (hordeacea); T. 80, 4 *girstînâ* (ordiacios = hordeaceos) zu *gersta*.

Gl. I, 709, 28 *fkllknb* = *fillina* (pelliciam); T. 13, 11 *fillinan* (pelliciam) zu *fel*.

N I, 705, 6 *mittinâ* (media).

Gl. II, 610, 54 *lithirne* (ex coriis) = *lithirine, lidirine* von *ledar*.

Dagegen in den Glossen mehrmahls *blechin* (brattealis) und bei Notker immer *erdin* gegenüber nhd. „irden". [111]

Auf *-isk* finde ich mit *i* nur *irdisk:* N. I, 40, 18 *irdisken* (terrenos); VSG. 28 *irdisc* plebs?); Gl. I, 208, 28 *irthiski*: 516, 65 *irdisco* (terrigena, etc. neben Gl. II, 438, 64 *untererdiscun* (subterranea). Es findet sich auch N. I, 330, 10 *férriskên* (extrinsecus petitis).

Die Suffixe *-il, -in, -isk* bewirken also, wo nicht konsonantische Hindernisse vorliegen, den Wandel von *e* zu *i*.

---

[111] Graff I, 418 giebt allerdings *irdin* (terrenus) an.

4. Verba auf -jan.

Die Verba auf -jan sind wohl samt und sonders denominativ, wenn sich auch zu vielen der betreffende Stamm nicht nachweisen lässt. Sie drücken aus, dass die im Stammwort liegende Sache oder Eigenschaft hervorgebracht wird.

Nur den Präsensstamm haben mit -ja erweitert:

ligjan Gl. I, 491, 48 *piliccan* (opprimere); 698, 16 *giliccan scolanter* (habitaturus); N. II, 278, 18 *irlikken* (deficiant) zu einem subst. *leg*, das sich im an. in der Bedeutung „Stätte" besonders „Begräbnissstätte" findet. *ligjan* verdrängte ein älteres ahd. * *legan*, das sich got. als *ligan* findet.

bitjan, z. B. in Gl. I, 8, 11 *arpittenti* zu *bet* „das Gebet", muss für älteres * *betan* eingetreten sein.

sizjan, z. B. in Gl. I, 290, 19 *kisizzen* (residere): Gl. I, 150, 21 *antsicenti* etc. (formidans); 312, 46 *pisizzenter* (possessurus); 633, 44 *insizzen* zu *sez* „Sitz",

Schwache Verba:

rihtjan: Gl. I, 112, 11 *rihten* (dirigere); 410, 75 *kirihter* directus; 332, 25 *kirihtit* (collocat; N. II, 170, 0. 7 *rihtinde* (regens) zu *reht*.

wilkjan: N. I, 43, 27 *geuuilchet werdant* (mollescant); N. I, 711, 28 *wilchet* (mulcet) zu *welk*.

filljan: MSD. 65, 1, 8 *bifillit* (excorticat); 90, 23 *gevillet uuart* (cruciatus); 91, 49 *bivillit* cruciatus; O. III, 1, 33 *fille* (cruciet); O. III, 1, 37 *fillit*; Gl. II, 208, 15 *bivilta* (vapulabat); O. IV, 19, 17 *bifilten* (percussis); O. IV, 22, 17 *filta* (cruciaret); Gl. II, 20, 10 *villen* decoriare; N. II, 217, 6 *pefillet werde* (flagelletur); N. II, 414, 7 *fillinten* (verberantem); Gl. I, 678, 18 *piviltun* (excoriaverunt); T. 199, 13 *bifiltan* (flagellis cesum) etc. etc. zu *fel*.

slihtjan: Gl. I, 247, 6 *slihtit* (sedat); 283, 4 *kislihtun* (levigatis); Gl. I, 52, 14 *caslihtet* (lustret); O. IV, 4, 34 *gislihti* (aequet) etc. zu *sleht*.

quickjan: Gl. I, 388, 30 *kachicta* refocilavit : 412, 53 *kichuuichter* (refocilatus); 411, 1 *erchuicta* (refocilabitur); MSD. 82, 1, 15 *erchihit*; MSD. 86, 4. 6. 7 *irchucchen, irchuichen* (vivifacere); O. I, 23, 48 *irquigken*; III, 1, 21 *irquictos*; O. III, 1, 22 *irquicki* (erwecken) etc. N. II, 312, 24 *chihta* (suscitavit); N. II, 332, 21 *irchicchest* vivificabis etc. N. II, 281, 9 *bechiktost* (vivificasti,; W. 93, 11 *erquickta* (erweckte); W. 136, 1 *irquichta* (dass.); Gl, II, 317, 39 *erchuuiche. archicche* refoveat zu *queck*.

fidarjan: N. I, 253, 2 *kefidertên* (alatis ; 755, 11 *kefideret* pennata ; Gl. II, 19, 23 *giwidirter* (aliger); Gl. II, 20, 45 *giwidarter* (penniger); Gl. I, 507, 16 *vidirith* plumiscet) zu *fedara*.

scirmjan: MSD. 40, 1. 14 *scirmen*; N. I, 16, 4 *skirmdin* (tuerentur); O. I, 23, 46 *biscirmen*; O. III, 1, 37 *scirmit* (protegit); N. II, 70, 17 *geskirmêst* etc. etc. zu *skerm*.[112]

nistjan: W. 43, 2 *nistes* (nidificas); N. II, 437, 14 *nistent* (nidificabunt) etc. zu *nest*.

hirtjan: Ben. H. I, 70 *kahirze* (concordet) zu *herz*.

wihsaljan: Gl. I, 90, 40 *farwihsiljan, firwihsiljan*; Gl. I, 155, 15 *wihslit* (mutuat ; 208, 36. 37 *farwihslit pim* (mutuor); Gl. I, 182, 1 *unfarwihslit* (incommutabilis ; Gl. II, 394, 55 *intwihsallente* (reciprocantes zu *wehsal*.

sidaljan: Gl. II, 404, 72 *sidaltun* (infundunt se (agmina)); O. I, 25, 24 *gisidalta* (assedit); Gl. II, 439, 35 *kisidilla* (condat); Gl. II, 38, 4 *kisidiltero* (fuso) zu *sedal*.

firrjan: MSD. 56, 11 *arfirrit* remotus ; O. I, 8, 18 *irfirti* discederet ; O. II, 6, 40 *irfirta*; Gl. I, 38, 8 *arfirrit* (alienabitur); Gl. I, 593, 12. 13 *virvirrit* (abalienati ; N. II, 218, 20 *gefirret* (alienati); II, 372, 28 *irfirro* (dispergam etc. N. II, 512, 9 *firfirrest* auferas,; N. II, 614, 10 *firrên* (recedant); N. III, 222, 3 *inphirret* (elongatus); T. 2, 11 *arfirran* (auferre) etc. Ben. H. I, 54 *erfitero* ablatae) zu *ferr*.

nibuljan : Gl. I, 273, 50 *nibulton* (caligaverunt); Gl. I, 192, 13 *farnipulte*; Pa *firnipolte*; Gl. K. Ra (in praecipiti, in

[112] Diese Form ist in älterer Zeit häufiger als *skirm*.

abrupto loco, vermutlich von *farnibuljan* herzuleiten, zu *nebal nebul*.

wirkjan: MSD. 16, 6 *wirki* fac.; MSD. 36, 5. 1 *wirchin* (efficere); MSD. 73. 23, *ze giwirkanne* (ad faciendum); O. I, 4, 7 *wirkenden* (facientem); Gl. I, 392, 32 *firuuirchen* (demolere) zu *werk*.[113]

wirdjan: MSD. 59, 3. 5 *wirde* (adoret); Gl. II, 49, 35 *unwirdanti* (parvi pendens.; Gl. I, 760, 23 *kiwirdit* commendat); Gl. II, 225, 41: 228, 1 *unwirdida* (abjecta) zu *werd*.

smirwjan: Gl. I, 110, 4 *pismirwit* (uncti); N. II, 627, 14 *gesmireter* (inpinguatus) zu *smero, smerwes*.

lispjan: Gl. I, 657, 3, 4 *lispentiu* (anhelantia); Gl. II, 16, 9 *lispantes*[114] (blessos?) zu einem vorauszusetzenden ahd. *lespa* sonst ahd. *lefs, leps*. Mhd. findet sich der Plural *lespe*.

Folgende vier Verba sind vermutlich parallel gebildet: *lirnjan*: N. I, 101, 17 *lirneta* etc. etc. MSD. 54, 12 *lirnen* etc. [Die Längenzeichen über dem *e* sind erst von den Herausgebern hinzugefügt, vgl. MSD. 501, wie ich glaube, mit Unrecht.] Es scheinen *lirnjan* und *lernen, lernôn* neben einander gestanden zu haben; später, bei Notker, ist Verwirrung eingetreten, so dass man auch *lirnên* sagte. Als Stammwort zu *lirnjan* ist *lerna*- anzusehen.

birnjan: Gl. II, 207, 74 *kibirnta* (delignit, nach Steinmeyer delinivit zu lesen); Gl. II, 211, 15 *kipirnta*; Gl. II, 417, 38 *pirnantar* (constans); Hymn. 19, 12 *pirnantin* (paraclito); Gl. I, 483, 34 *gipirnet, pipirnet* (erigite); Gl. I, 706, 34 *gipirnten* (erectis) zu *berna*-.

spirnjan: O. III, 23, 35 *firspirnit* (offendit); N. I, 347, 7 *spirnent* (premunt); O. I, 2, 15 *firspirne* (offendam) zu *sperna*-.

---

[113] Siehe Schades (S. 1123) höchst eigentümliche Ansicht über das bei Wörtern dieser Art sich häufig zeigende, durch das *w* des Anlauts hervorgerufene *u*. Er nimmt selbständige Entwicklung des *u* und *i* aus altem *a* an.

[114] Daneben steht allerdings in derselben Glosse, wohl verschrieben, *lespantes*.

stirnjan: nur in der Form, N. I. 63, 10 *kestirnet* (stellifera) zu *sterna-.*

wirgjan: Gl. II, 522, 5 *gewirget* (intercepti) „würgen", setzt neben mhd. *erwergen* wohl ein nomen *werg voraus.

liwjan: O. S. 28 *liwit* (es liegt daran, es giebt Veranlassung) neben *lewên,* verwandt mit got. *lêv* „Veranlassung". Zu Grunde liegt jenen Verben wohl ein subst. **lew.* [115]

stiftjan: Gl. I, 532, 31 *stiftit* (concinnat); I, 705, 46 *stiftent* (nutriunt); N. III, 191, 12 *stiftent* zu dem neben *stift* viel häufiger vorkommenden *steft.*

spiltjan: Gl. I, 94, 11 *farspildimes, firspilthumes* (expendimus); Gl. I, 278, 44 *kispildit* zu *spelta = mhd. *spelte* „Holzstück" = got. *spilda.*

Ganz unsicherer Herleitung sind: Gl. I, 134, 18 *farzispit* (extrusit) neben mhd. *zaspen.* Gl. I, 142, 24 *striplenti,* 194, 23 *striplet* neben *strepelendi, strepaled.* Gl. I, 166, 27, *calipphit* (epotata) zu nhd. „*lüpfen*". Gl. I, 224, 25 *flistirit* (fovet) zu nhd. „*flüstern*". MSD. 10, 21 *thicho* zu *digjan* cfr. lit. *tèkti* „zu teil werden". [116]

Folgende Verba auf *-jan* sind von Stämmen abgeleitet, die schon *i* enthielten: *scrickjan* (salire) zu *scrick, blickjan* (micare; videre) zu *blick, swilljan* (callere) zu *swil, swiphjan* zu *swiph, skintjan* (decorticare) zu *skinn, skint; giftjan* (donare) zu *gift; wiftjan* (texere) zu *wift, irrjan* (fallere) zu *irri, firnjan* („alt machen") zu *firni,* auch wohl *hirmjan* (quiescere) neben *hirmi, hirmig* zu *hirmi* u. a. m.

Andere mit *i* enthaltenden Suffixen abgeleitete Verba sind in so geringer Anzahl vorhanden, dass sie kein Urteil über das

---

[115] Ebenso setzt das seltene *libjan:* MSD. 10, 24 *libiti* (viveret), Gl. I, 750, 24 *lipitemes,* neben dem häufigen *leben,* einen Substantiv-Stamm *leb voraus.

[116] Gl. I, 83, 5 *kahelmit* (geleatus) wird von Graff wohl mit Recht = *kahelmôt* gesetzt; das ebenfalls vorkommende *cahilmit* (Gl. I, 151, 3 frutectum) hält er für nicht hierher gehörig.

Vorhandensein des Wandels von *e* zu *i* gestatten. Sie sind zum Teil dunkeln Ursprungs, zum Teil von Nominibus, die schon ein *i* im Stamm enthielten, abgeleitet.

Ich denke dabei an Formen wie *umbificisota* (circumvenit) Gl. I, 303, 36; *siviäzot* MSD. III, 53; *gireztun* (concupierunt) N. II, 453, 11 u. a. m.

5. Die Steigerungsformen.

Nun sind noch einige Worte über die Steigerungsformen zu sagen. Ich glaube die Frage, ob sie den Wandel von *e* zu *i* in der Stammsilbe bewirkten, bejahen zu müssen, obwohl die geringe Anzahl von Beispielen, die vorliegt, keinen sichern Schluss gestattet. Die Endungen -*ir*, -*ist* sind nämlich den germanischen Sprachen gemeinschaftlich, also alt; ja sie finden sich zum Teil schon in den urverwandten Sprachen[117].

Die Formen zeigen nun alle *e* in der Wurzel, aber vor Konsonantenverbindungen, die, wie wir später sehen werden, den Wandel von *e* zu *i* aufhielten. Nichtsdestoweniger muss es doch wunderbar erscheinen, dass wir z. B. neben dem von *sleht* abgeleiteten *slihtjan* keine Steigerungsform mit *i* in der Wurzelsilbe finden, sondern immer *slehtiron* (Gl. I, 387, 9), *slehteron* Gl. I, 357, 53), *slehtistin* Gl. I, 392, 39, *slehtistun* Gl. I, 283, 59 u. s. w. Zur Erklärung dieser Seltsamkeit wird man eine spätere Angleichung von Comparativ und Superlativ an den Positiv annehmen dürfen, nachdem ursprünglich der Wandel von *e* zu *i* bewirkt worden war. Ein Umstand macht eine solche Annahme noch wahrscheinlicher, nämlich das Vorhandensein der Steigerungssuffixe -*ôr*, -*ôst*. Wären alle Adjektiva mit -*ir*, -*ist* gesteigert worden, so hätte sich der Vokalwandel vielleicht gehalten; so aber, wo die Mehrzahl der Adjektiva mit -*ôr*, -*ôst* kompariert wurde, die Komparativ- und Superlativ-Adverbia sogar fast

---

[117] Schleicher setzt für den Comp. idg. -*jans*-, für den Superlativ idg. -*jans-ta*- oder -*is-ta*- an.

ausschliesslich) und in Folge dessen im Komparativ und Superlativ keinen Vokalwandel durchzumachen hatte, erklärt sich auch, dass die wenigen mit *-ir, -ist* komparierenden Adjektiva mit stammhaftem *e*, wie *sleht, reht, werd, welk, ferr* u. s. w. in den nicht gerade häufig vorkommenden Steigerungsformen sich dem Positiv konformierten.

Ein Beispiel können wir vielleicht noch zu unserer Unterstützung anführen, nämlich *wirs*[118] = got. *vairs*, das wohl mit Recht als adverbiale Komparativbildung von einem Stamm *wersa*, mit ahd. *werran* = got. *vairsan* (turbare zusammenhängend, angesehen wird und eigentlich *wersis* = got. *vairsis* heisst. Diese Form wurde im Germanischen zu *wirsis*, dann durch das vokalische Auslautsgesetz zu *wirss, wirs* (= got. *vairs*, wie *mins, suns*). Der Komparativ *wirsiro* und Superlativ *wirsisto*, welche beide ahd. häufig vorkommen, sind vermutlich Afterbildungen zu *wirs*. Dass letzteres das *i* zeigt, verdankt es dem Umstande, dass der Positiv verloren gegangen ist; das in diesem singulären Falle erhaltene *i* lässt die Annahme einer Angleichung der Steigerungsformen an den Positiv, wo dieser vorhanden ist, als desto wahrscheinlicher erscheinen.

6. Einzelnes.

Hinzufügen will ich noch zwei Wörter, deren *i* sich auch durch Einwirkung des Endungs-*i*'s erklärt, nämlich ahd. *ist* = got. *ist* = as. *ist, is* = ags. *is* = afr. *ist* neben gr. ἐστί, lat. *est*, skrt. *ásti* und ahd. *mit* aus *miti* = gr. μετά, während ahd. *sind* = got. *sind* = as. *sind, sindun* = ags. *sind, sindon* neben gr. εἰσί = ἐντί, altbactr. *henti*, skrt. *sánti* und gr. ἐν, ἐνί, wofür sich schon in einigen griechischen Dialekten ἰν und im lat. *in* findet, und *fimfi* neben gr. dial. πέμπε ihr *i* den folgenden Nasalen verdanken.

[118] Leffler aaO S. 13, 14.

Resultat.

Fassen wir die Fälle zusammen, in denen der Wandel von *e* zu *i* bei folgendem *i* der nächsten Silbe eintritt, so ergiebt sich folgendes:

Der Wandel findet sich auf dem Gebiete der Flexion vor den Endungen *-is*, *-ist* und *-it* der 2. 3. Sg. Präs. Ind. ablautender Verba 1. und 2. Klasse. Ihn zeigen von Nominalbildungen die Substantiva der *i*-Deklination, ferner die mit den Suffixen *-ja*, *-il*, *-ing*, *-ida* letztere wenigstens, soweit sie Verbalableitungen sind) gebildeten Hauptwörter, die mit *-ja*, *-ig*, *-in*, *-isc*, *-il* abgeleiteten Adjektiva, schliesslich die Verba auf *-jan*. Dazu treten einige einzelne Formen.

Wahrscheinlich zeigten den Wandel die Steigerungsformen auf *-ir* und *-ist*.

B. *e* vor *i* (*j*) der folgenden Silbe.

1. *e* = germ. *a*.

Gehen wir nun zu den Fällen über, wo im Althochdeutschen *e* sich vor folgendem *i* der nächsten Silbe findet, so haben wir zunächst die grosse Gruppe von Wörtern auszuscheiden, in denen ahd. *e* = germ. *a* ist, jenes durch *i*-Umlaut aus diesem entstanden [119]. In ihnen konnte der Wandel von *e* zu *i* nicht mehr stattfinden, da diese Erscheinung zu der Zeit nicht mehr vorkommt, wo der *i*-Umlaut von *a* zu *e* eingetreten ist. Beispiele hiefür in extenso anzuführen ist unnötig; ich nenne nur, weil verschiedener Auslegung fähig: Gl. I, 261, 3 *wilwerbic* (turbolentus); Gl. I, 267, 26 *hwilewerbic* (volubilis) zu ahd. *hwarbh*, *hwarb* „Umdrehung"; N. I, 40, 13; 57, 10 *wilewendigi* (fortunae) neben einem as. *wand* (Hel. 2517), *unwand* (Hel. 70); N. I, 82,

---

[119] Leffler S. 261, 262 will auch ahd. *frechi* als aus *frachi* entstanden erklären und es somit von *freh* trennen. Das ist jedoch nicht richtig und nicht nötig, da *i* als denominatives Suffix nicht Wandel von *e* zu *i* bewirkt.

6 etc. *werig* neben as. *waròn* „dauern" (Hel. C. 3182, 4689)
T. 40, 2 *hevig* (molestus); W. 139, 1 *herigin* zu *hafjan*. Ich
erinnere ferner an die Verba auf *-jan*, die von Wurzeln mit
innerem *a* gebildet sind. Ihrer ist oben schon gedacht; sie sind
am geeignetsten, Zweifel aufsteigen zu lassen, da wir häufig
Formen auf *-is*, *-ist*, *-it* finden, die sich nur im Vokal der Wurzel
unterscheiden. Der Zweifel ist regelmässig durch die Annahme
eines schwachen Verbums von derselben Wurzel zu heben [120]

2. *e* = *ê* oder *ei*.

Bei vielen Wörtern, wo sich *e* vor folgendem *i* findet, ist
jenes als *ê* aufzufassen, das dann seinerseits häufig aus *ei* entstanden ist. Wenn wir z. B. *eninrich* haben, so ist dies *e* = *ê*
und aus *ei* entstanden; das Wort bedeutet monarchia. Von *ein-
feri* (VSG. 272; Gl. I, 212, 26; 227, 14) hat Henning[121]
nachgewiesen, dass das *e* lang sein muss, da es zu *fêra, fiara*
(pars, latus) gehört, also eigentlich „einseitig" bedeutet. Vgl. ferner
êhti, hêhti (Gl. I, 100, 35; 101, 39 etc.) und *frêhti, frêhtig* (Gl.
I, 798, 2; 14, 13; 198, 1 etc.) zu *eigan* „haben"; *scêri, skêri*
(sagax) Gl. I, 244, 33; 245, 1) = *sciaro* „schier"; *steinmezila*
Gl. I, 434, 11) = *steinmeizila*; *êriro, êrist* u. a. m. Leffler[122]
sucht zu beweisen, dass das *e* in den einmal in den keronischen
Glossen vorkommenden *kahquemi* und *zoquemi* lang sei; doch
scheint mir der Beweis nicht gelungen. Schade giebt den beiden
Wörtern wohl mit Recht einen Cirkumflex auf das *i*; dann wären
sie als Ableitungen vom Präsensstamm von *queman* anzusehen und
hätten keinen Anspruch auf den Wandel des *e* zu *i*. Eigentum-
licher Weise findet sich neben *flêgilônto* Gl. II, 250, 58 *fligilônto*
(adolando), das einzige Beispiel, soviel ich weiss, wo auch *ê* der
assimilierenden Kraft des *i* erliegt. Hier mögen auch einige

---

[120] Im Neuhochdeutschen sind die Verba meist zusammengefallen;
zum mindesten ist der Bedeutungsunterschied ganz verwischt.
[121] Henning, Die St-Gallischen Sprachdenkmäler, QF. III, 86.
[122] aaO. S. 262.

Worte über die neben einander vorkommenden Formen *lērig* (N. II, 489, 9) und *lirig* (T. 82, 9) *docibilis* gesagt sein. Sie lassen sich auf folgende Weise erklären: Vermutlich standen sich hier ein starkes intransitives und ein schwaches transitives Verbum gegenüber, und zwar hiess jenes got. *lizan = ahd. *leran[123], wovon das got. Praet.-Praes. *lais* und das schwache got. *laisjan* = ahd. *lērjan* herkommen, die ja beide überliefert sind. Von dem got. Part. Praet. *lizans wurde dann ein Verbum *liznan* = ahd. *lernan gebildet, dieses später durch Suffix -*jan* erweitert, woher wir dann *lirnjan* haben[124]. *lirig* würde nun als aus dem verlorenen starken Verbum *leran, *lērig* (= got. *laiseigs*) als aus dem schwachen *lērjan* abgeleitet anzusehen sein.

8. Das *i* der Endung ist jung.

Fast ebenso zahlreich wie die Fälle, wo das *e* der ersten Silbe auf germanisches *a* zurückgeht, sind die, wo das *e* der Wurzel zwar alt, das *i* der Schlusssilbe neuerer Entstehung ist. Im Althochdeutschen ist in den Vokalen der unbetonten Silben ja bekanntlich eine Verwirrung eingerissen, die jeder Regel spottet. Fast alle unbetonten Vokale, welcher Quantität und Qualität sie auch sein mögen, schwanken nach *i* und *e* hinüber. Die Zahl der Beispiele ist bedeutend. Zunächst ist in den obliquen Kasus der schwachen Deklination -*in* für älteres -*en* (nach früherer Auffassung für -*an*) in jüngerer Zeit eingetreten[125]. Wir finden

---

[123] Gehört dazu vielleicht Gl. II, 180, 30. 31 *gitire* / *gilere* / ex adinventione. *gilira*)

Gl. II, 117, 36 *gitir* / *giril* (?) \ suggestiones.

[124] Siehe oben S. 56.

[125] Allerdings nicht so spät, wie meist angenommen wird, wenn man behauptet, es sei zu spät eingetreten, um Umlaut von *a* zu *e* bewirken zu können. Braune, Beiträge IV, 556 meint, Unursprünglichkeit des -*in* sei kein ausreichender Grund für den Mangel des Umlauts, da -*ir*, obwohl unursprünglich, doch Umlaut von *a* zu *e* wirke. Unursprünglichkeit kann aber etwas sehr verschiedenes bedeuten, und

daher *herzin* (cordi, cordis), *perin* (ursi), *chermin* (grano). Für *a* findet sich *i* z. B. in MSD. 34, 17, 1 *wegi* = *wegâ* (*a*) (vias) und in Verbalendungen, vorzugsweise im Infinitiv wie MSD.

Braune's Schluss ist nicht stringent, wenn er nicht nachweist, dass -*in* wenigstens ebenso alt als -*ir* ist. Ich glaube, die Sache liegt so, dass die geringe Anzahl von Beispielen für den Umlaut von *a* zu *e* vor dem -*in* des gen. dat. sing. der schwachen Maskulina und Neutra nicht dem Umstande zuzuschreiben ist, dass der *i*-Umlaut schon nicht mehr gewirkt habe, als das -*in* für älteres -*en* antrat, sondern im Gegenteil dem Umstande, dass -*in* schon im Verschwinden vor dem jüngern -*en* mit tonlosem *e* (*n*) war, als der *i*-Umlaut auf *a* zu wirken begann, so dass die Beispiele vom Umlaut des *a* zu *e* zwischen das Aufkommen des Umlauts und das Schwinden des -*in* vor -*en* zu setzen wären. Die Verhältnisse liegen folgendermassen: Es kommen überhaupt 19 verschiedene Formen von gen. dat. sing. schwacher Maskulina und Neutra vor, die im ganzen 54 Mal belegt sind. (Diese Zusammenstellung ist nach Graff gemacht, doch stellt sich das Verhältnis für die umgelauteten Formen in der That etwas günstiger.) 6 Formen, die 19 Mal belegt sind (Gr. II, 1080 *nemin* mit den Zusammensetzungen *miltinemin, pinemin* 10 Mal, IV, 307 *erebin* VI, 107 *forasegin* VI, 421 *seedin* [5 Mal] IV, 958 *henin* IV, 935 *lihhemin*) haben *e* und zwar gehören von den Belegen 16 dem achten und neunten Jahrhundert an, also gerade der Zeit, in welcher der Umlaut von *a* zu *e* sich durchsetzte (S. Henning aaO. S. 85, 110. 120. 146, 154 und Stockmann, De vocalium et consonarum infectione per i litteram. Berolini 1877 S. 8-10). 13 Formen, die 36 Mal belegt sind (*crabin* [3 Mal], *namin* [7], *banin, chmoradin, forasagin* [2], *staffin, suonotakin, [sonotagin], wasin, ewartin, antin* [2], *angin, ioh-halmin* [3], *anadin, lihhamin,* [8], *galgin, cartin*) haben *a*. Hierbei ist zu beachten, dass einige dieser Wörter das *a* vor überhaupt umlauthindernden Konsonantenverbindungen zeigen. Die 36 Beispiele sind in zwei getrennte Particen zu zerlegen. 21 von den Belegen gehören dem achten und neunten Jahrhundert an, zum Teil denselben Schriften, die auch Formen mit *e* haben, wie Isidor, Kero. Damit ist der Ausweg, dass das -*in* zu jung sei, um Umlaut zu wirken, hinfällig. Da nun Isidor und Kero zu den Schriften gehören, in denen der Umlaut des *a* zu *e* noch nicht völlig durchgedrungen ist, so werden wir auch von diesem Standpunkt aus das Schwanken vor der Endung -*in* auffassen müssen. Das Verhältnis ist also so: Nicht die Endung -*in* war zu jung, um Umlaut zu wirken, sondern der Umlaut war zu jung und hatte noch nicht die Kraft, sich überall durchzusetzen. Dazu kommt noch ein anderes Moment, welches Braune in seiner kürzlich erschienenen ahd. Grammatik § 221 Anm. 2 mit Recht hervorhebt: Der Einbürgerung des Umlauts in diesen Formen setzten sich die übrigen unumgelauteten Casus entgegen und zwangen die etwa umgelauteten in das System zurück. Was thun wir nun mit den übrigen Fällen, wo nicht Umlaut gewirkt ist? Es bleiben 15 Belege über, von

34, 17, 4 *werdin* = *werdan* usw. im Part. Praes. z. B. Gl. I, 283, 32 *smelzinti* (liquens); Gl. I, 415, 32 *redinti* = *redenti* (cribrans); im Part. Praet. Gl. II, 394, 14 *gigetinin* = *gajetanem* (sarculatis); in der 3. plur. praes. Gl. I, 397, 43 *gellint* = *gellant*. Das adjektivbildende Suffix *-ag* schwächt sich zu *-ig* ab, so vermuthlich in N. I, 83, 32; 352, 14 etc. *werig* (siehe jedoch oben S. 52), woneben auch *wirig*, so dass man doppelte Bildung, einmal mit *-ag* und einmal mit *-ig* annehmen darf. Das Substantiva bildende Suffix *-al* hat sich vielfach zu *-il* verdünnt z. B. in Gl. I, 305, 7 *wevil* für *weval* (subtemen), N. I, 369 1: MSD. 34, 15, 4 *wehsil* für *wehsal* (commutatio); Gl. I, 452, 62 *kebil* für *gebal* (testa); Gl. I, 276, 13 *chegil* für *kegal* (clavus tabernaculi); Gl. I, 792, 39 *segil* für *segal*; MSD. 36, 3, 3 *swegilin* = *swegalin*; Gl. I, 530, 22 *egilin*, *egilun* für *egalin* (sanguisugae); Gl. I, 399, 10 *sedil* = *sedal* (sedes); *betil* statt *betal* in Gl. I, 537, 54 *petilunga* (mendicitas). Von Adjektiven mit demselben Suffix nenne ich: MSD. 59, 4 *medili* = *metal* (medius) [N. III, 407, 3 *metilscaft* = *metalscaft* (medietas)]; Gl. 393, 6 *stecchilostin* = *stecchalostin* (abruptissimas); Gl. I, 551, 10 *siniwerpili* = *siniwerpali* (tornatilis). Von anderen Formen gehören hierher: Gl. I, 574, 10 *legir* = *legar* (concubitus); Gl. II, 515, 9 *kevir* = *kevar* (scarabaeus); Gl. I, 520, 7 *ebir* = *ebar* (singularis); Gl. 348, 38 *fledirmus* = *fledarmus*; Gl. I, 348, 42 *wehir* = *hehar*, *hehara*; Gl. I, 517, 8 *versina* = *versana* (calx); Gl. I, 519, 34 *in pesimin* von *besamo*; MSD. 34, 28, 10 *meddimin* zu *metsamo*; Gl. II, 55, 47 *bleccizit* = *bleccazit*. Gelegentlich findet sich auch *i* für *ê*, z. B. in Gl. I, 578, 37 *werdist* für *werdêst*; in Gl. I, 699, 15 *gimeldit* für *gimeldêt* oder *gimeldôt*. In letzterem Beispiel kann es auch für *ô* stehen, was sich auch in Gl. I, 580, 48 *intwerdit*

denen ich ô nach ihrer Herkunft nicht bestimmen kann; die übrigen gehören dem zehnten und elften Jahrhundert und streng oberdeutschen Quellen an. In diesen stellt sich aber gerade in der angegebenen Zeit eine Vorliebe für *i* an Stelle von *e* in Endungen ein. Dies spät aufgekommene *i* hat allerdings nicht mehr die Kraft gehabt, Umlaut zu wirken. (Weinhold, Allem. Gr. § 23.)

= *intwerdôt* abhorrebit, und Gl. I, 83, 5 *kahelmit* = *gahelmôt* (galeatus) findet. *ecchirt* steht mit starker Zusammenziehung für *ekkorôdo*, wie N. I, 563, 5, 9 *derit* für *dorot*.

i für *u* steht z. B. in *swehir* für *swehur*. Da aber *u* auch auf vorhergehendes *e* erhöhend wirkt, so würde die Form nichtsdestoweniger rätselhaft sein. Vielleicht haben wir es mit einem eingeschobenen Hilfsvokal zu thun; gotisch lautet das Substantivum *svaihra* (socer) und ist schwach. Im Althochdeutschen gehörte der Stamm zur *a*-Deklination und verlor daher das *a* im nom. sing. Es blieb *swehr* übrig; es wurde dann ein unbestimmter Vokal eingeschoben, der bald *u*, bald *o*, bald *i*, bald *e*, geschrieben wurde. Siehe unten Anm. 146 eine andere Erklärung.

Dies Beispiel leitet uns zu den vielfachen Svarabhakti-Erscheinungen des Althochdeutschen über. Finden wir im Gotischen, wie es uns in der Bibelübersetzung des Ulfilas vorliegt, eine straffe Geschlossenheit der Wortformen, so zeigt das Althochdeutsche dagegen eine auffallende Weichheit. Jenes zeigt daher vielleicht gar keinen Svarabhaktivokal[126], während im Althochdeutschen Wörter, die durch unbequemen Zusammenstoss mehrerer Konsonanten ungelenk waren, durch Einschub von Vokalen gelenkiger gemacht wurden[127]. Das Urgermanische wird die Mitte gehalten

---

[126] Vielleicht in *miluks* (Milch) und in *filigrja* (Höhle) Holtzmann, Altdeutsche Grammatik S. 7. Bezzenberger, Got. Adverbien S. 81. Dagegen J. Schmidt, Zur Geschichte des indogerm. Vokalismus II, 373. Neuerdings Brugmann, Grundriss § 628 S. 473.

[127] Es entspricht das ganz der von Scherer, GDS.² S. 168 bei Gelegenheit der psychologischen Erklärung der Lautverschiebung entworfenen Charakteristik des Ahd.: «Wenn aber die Konsonanten dergestalt vernachlässigt wurden, und ihre gründliche Veränderung auf keinen Widerstand des Sprachbewusstseins, will sagen des kontrollierenden Ohres stiess, so kann dies nur darauf beruhen, dass die Aufmerksamkeit von ihnen abgezogen und auf die Vokale hingezogen war. Den Vokalklang verlangte man, daran ergötzte man sich. Das andere war gleichgültig. Ist diese Ansicht richtig, so müssen wir im Oberdeutschen zur Zeit der zweiten Lautverschiebung entwickelten musikalischen Sinn entdecken und die Vokale müssen sich gleichsam im Vordergrunde des Lautstandes zeigen.» Weiterhin (S. 170) spricht er von dem «weichen, fast weichlichen und höchst melodischen Charakter» dieses Dialekts und schreibt ihm «ein Schwelgen in Vokalen» zu.

haben, von der das Gotische nach der einen, das Althochdeutsche nach der andern Seite abwich. Die eingeschobenen Vokale des Althochdeutschen sind verschieden, teils haben folgende Vokale assimilierend gewirkt, teils haben die betreffenden Konsonanten Vorliebe für bestimmte Vokale gezeigt. Von Fällen der Vokalentfaltung im Althochdeutschen citiere ich nur die für unsern Zweck wesentlichen, nämlich die, wo *i* eingeschoben ist, welches dann teils seiner späten Entstehung, teils seiner unklaren Aussprache wegen den Wandel von *e* zu *i* nicht bewirkt.

i ist zwischen *r* und folgenden Konsonanten eingeschoben in Gl. I, 517, 60 *gimittiverihent* (dimidiabunt); Gl. I, 530, 4 *werimuota* (absinthium); Gl. I, 747, 51 *umbideriba*; MSD. 34, 8, 4 *werilt*; Gl. I, 513, 30 *ze dwerihen*; N. II, 349, 13 *kerinwilligin* (voluntariam). Zwischen *l* und folgenden Konsonanten entfaltet finden wir *i* in nachstehenden, allerdings zum Teil zweifelhaften, Fällen: Gl. I, 368, 42 *eliho* = *elho* (tragelaphus); Gl. I, 440, 40 *sperilin* lanceolis; neben *sperlin*[128]; Gl. I, 569, 62 *pivelihist* (credas) für *pivelhêst*[129]. Aehnlich steht *i* in MSD. 79, 29 *cesinun* (dextram), *cesinua* (dextra). In Zusammensetzungen nimmt *i* fast das Ansehen eines Kompositionsvokals an wie in Gl. I, 318, 12 *quekilich* (versatilis) für *quecklich*.

4. Konsonantische Hindernisse des Wandels von *e* zu *i*.

Wir kommen nun zu den wichtigen Fällen, wo konsonantische Hindernisse das alte *e* festgehalten zu haben scheinen. Die Zahl der Fälle ist sehr gering, als hindernd erscheinen nur *r*-Verbindungen und *hh*.

Gl. I, 57, 34 (Pa.) *skermeo* (belliger) neben dem *skirmeo* der andern Handschriften.

Gl. I, 123, 37 *urhersi* (Gl. K) (excors) neben dem *urhirzi* von Pa. (und Gl. K. 123, 39) und dem *urhers* von R. Gl. I, 8, 22 *widarperki* (R.) neben dem *widarperc* von Pa. und dem

---

[128] Siehe oben S. 38.
[129] Siehe oben S. 18.

widharperg von Gl. K. Sonst häufig *widarpirki*. Wir haben also in diesen beiden Fällen adjektivischen *a*-Stamm und *ja*-Stamm neben einander; die Formen mit *e* vor *i* der letzten Silbe könnten daher als Kontaminationen aufgefasst werden.

T. 32, 9 *miltherzi* (misericors).

N. II, 226, 11; 419, 2 *erdînîn*; N. II, 323, 7 *erdîna* (terrena); N, II, 343, 24 *erdîne* (terreni); 393, 16 *erdîne* (terrenos); Gl. II, 428 *erdînaz* (fictile).

N. II, 26, 21; 327, 25 *âwerfigen* (reprobum) zu *âwerf*. N. II, 43. 16. 17 *armherzich*.

Gl. II, 438, 64 *untererdiscun* (subterranea), neben sonstigem *irdisc*, jedenfalls eine junge Bildung.

N. I, 330, 10 *ferriskên* (extrinsecus petitis).

Gl. II, 396, 19 *blechin*; Gl. II, 482, 19 *bleccina* (brattealis) zu *bleh*, was Schade direkt zu *blîkan* stellt. Die Herleitung ist zweifelhaft, bemerkenswert, dass sich ein Adjektivum *blah* in der Bedeutung „glänzend, scheinend" häufig findet.

Das Gl. II, 757, 58 stehende *pivelhido* (funeri) brauchen wir nach den oben [130] gegebenen Erörterungen nicht als Ausnahmefall zu betrachten.

Ehe wir zur Besprechung dieser Beispiele übergehen, müssen wir uns mit Leffler auseinandersetzen, der aaO. S. 233 ff. eine ganze Anzahl Ausnahmen aufführt. Er nennt von den oben besprochenen: *erdîn, -herzi* (adj.), *ferrisk*. Dazu fügt er:

„*widarperki* (8. Jahrhundert)." Ein solches Substantiv findet sich nicht (auch Schade hat es nicht); wenn es vorkäme, wäre es keine Ausnahme [131]. Es liegt vermutlich Verwechslung mit dem adj. *widarbergi* vor [132].

„*berîn* (11. Jahrhundert)" ist nicht zu entdecken. (Schade hat es ebenfalls nicht.) Jedoch kommt *berîn* als cas. obliquus zu *bero* vor, sonst *birin* (ursa) und *birîn* (ursinus).

[130] S. 42 ff.
[131] Siehe oben S. 30 ff
[132] Siehe oben.

„*mittiferhi* (häufig 9.—10. Jahrhundert)." Es findet sich Gl. I, 616, 4 *in mittwerihi, in mittwerhi, in mittwerha* (in dimidio) [133]. Von den drei Lesarten ist die erste und die zweite jedenfalls besser als die dritte, die korrumpiert zu sein scheint; man wird wohl berechtigt sein, mit S c h a d e *mittiferhî* anzusetzen, so dass das *e* nicht dem Einfluss von *r* + Kons. seine Existenz zu verdanken brauchte [134].

„*mittiferihit* (part. von *-ferhjan*, 9. Jahrhundert)." Es findet sich Gl. I, 504, 10 *mittwerehet*
   mittwerchet
   gimittwerihit ward
   gimittwerihit wirdet   dimidietur.
   gimittwerhiti werdit
   gimittit wirt
Gl. I, 517, 60 *gimitti verhent* etc.
   gimitti verihent   dimidiabunt.

Die beiden erstgenannten Formen kommen, wie sich aus der intransitiven Bedeutung ergiebt, von einem Verbum auf -*ên* her. Die andern Formen mögen von *mittiferhjan* gebildet sein; die oben [135] gegebenen Beispiele gestatten jedoch, *mittiferhôn* als das Verbum anzusetzen, zu welchem jene Formen gehören.

„*gerstin*" für *girstîn* (hordeaceus) und „*fellin*" (was zweimal für *fillîn* vorkommen soll) [136], habe ich nicht entdecken können.

Ueber = -*herzi* und -*hirzi* siehe oben [137].

„* *herzjan*", was L e f f l e r auf Grund eines im 12. Jahrhundert vorkommenden *beherzete* voraussetzt: die Form kann ebenso gut von *beherzôn* kommen.

Ueber „*sperilin* (Gl. K. 10. Jahrhundert)" siehe oben [138].

„*sibunsterni* (Gl. K.)" kommt nicht vor.

---

[133] Gl. I, 616, 10.
[134] Seite 30 ff.
[135] Seite 64, 65.
[136] L e f f l e r aaO. S. 254.
[137] Seite 65 unten.
[138] Seite 38.

„*sehsi* (n. pl. Gl. K.), *sehsim* (d. pl. Ben.)." Die Deklination der Zahlwörter 4—12 nach Analogie der *i*-Stämme ist eine junge Erscheinung.

„*kahelmit* (part. praet. zu einem * *helmjan*, Hrab. Maur. gloss.)"[139]. Die Ansetzung von * *helmjan* ist eben so wenig erforderlich, wie die von * *herzjan*. In der That findet sich sonst *gehelmôt*, ags. *gehelmôd*, *behelmâdh*.

„*kelfi*", von Leffler selbst mit einem Fragezeichen versehen, kommt nicht vor.

Die übrigen von Leffler genannten Ausnahmen lassen sich in drei Abteilungen einteilen:

1) Abstrakta auf -*i*: *geri*, *sincerbili*, *rehti*, *gerehti*, *grehti*, *perahti*, *ferri* (S. 233), *gerni*, *kerni*, -*herzi* (S. 234), *snelli*, *kuelli* S. 254, 255).

2) Substantiva auf -*ida*: *gerida*, -*herzida*, *slehtida* (S. 233), *gaflehtida* (S. 234).

3) Steigerungsformen *ferrist* (S. 233. Komparativ mit Superlativ zu *rehl* und *sleht* (S. 234).

Aus früher [140] dargelegten Gründen kommen diese drei Gruppen bei dem Wandel des Stammvokals *e* in *i* nicht in Betracht.

Nach sorgfältiger Sichtung bleiben von allen diesen Ausnahmen also nur *seermeo*, *erdin*, *untererdise*, *ferrise*, *armherzich*, *âwerfig*, ferner vielleicht *ur*-, *miltherzi*, *widarbergi*, *blehhin*, *mittiferhjan* übrig. Wir müssen daher als den Wandel von *e* zu *i* im Althochdeutschen hindernd jedenfalls die *r*-, und wahrscheinlich die *h*-Verbindungen ansehen, wogegen *l* + Konsonant im Althochdeutschen niemals diesen Umlaut gehemmt hat. Vor *r* und *h* findet sich bekanntlich im Gotischen niemals *i*, sondern stets *ai*. Bezzenberger[141] glaubte 1874 als ein unumstöss-

---

[139] Leffler S. 255.
[140] Seite 30 ff. 40 ff. 58 ff.
[141] A-Reihe S. 19.

liches Axiom aussprechen zu dürfen: „dass die gotischen Brechungen *ai* und *aú* aus *i* und *u* entstanden und mit dem *e* und *o* der andern deutschen Dialekte gar nichts zu thun haben." Das *ai* repräsentiert jedoch vielmehr in zahlreichen Fällen den alten idg. *e*-Laut, der durch *h* und *r* vom Uebergang zu *i* zurückgehalten worden ist. Dafür spricht die Unwahrscheinlichkeit der Annahme, dass z. B. das gemeingermanische Wort *erƥins* die Wandlung zu *irƥins* durchgemacht habe, um wieder zu *erƥins* = got. *aírƥeins*) zurückzukehren, dass also die Sprache in nicht allzu langer Zeit [142] einen so starken Wechsel der Lautneigungen erlebt habe. Wir müssen dem Germanischen eine eigentümliche Beschaffenheit des *r* und *h* zuschreiben, die wir wohl als „dunkles Timbre" bezeichnen dürfen. Daher setzten diese Konsonanten, wo sie sich in Verbindung mit andern befanden, dem Wandel des *e* zu *i* vor folgendem *i* der nächsten Silbe einen energischen Widerstand entgegen [143]. Als nun die Spaltung des Germanischen in Dialekte eintrat, behielt das Gotische das dumpfe Timbre des *r* und *h* bei, dieser Dialekt muss dasselbe sogar noch verstärkt haben: denn *r* und *h* zeigten ihre umlauthindernde Wirkung, selbst wenn sie allein standen; ja, sie gingen von der negativen Wirkung, den Wandel von *e* zu *i* zu hemmen, zu der positiven, den Wandel von *i* zu *e* hervorzurufen, über, während doch in dieser Sprache

---

[142] Siehe unten. Der Wandel des *e* zu *i* und der des *i* wieder zurück zu *e* — auch dieser würde, da wir z. B. ahd. ebenfalls *erđin* finden, als gemeingermanisch anzusehen sein — müsste zwischen den Beginn der christlichen Zeitrechnung und die Spaltung des Germanischen in Mundarten — etwa Ende des dritten Jahrhunderts — fallen.

[143] Leffler (S. 254) glaubt auf Grund des Gotischen und der Beispiele *geri, gerida, berin* behaupten zu können, dass im Urgermanischen auch einfaches *r* und *h* *e* vom Wandel zu *i* zurückgehalten habe. Ja, er geht sogar soweit (S. 175 ff.), auf Grund einiger zweifelhafter Beispiele des Ahd. die Brechung des *i* zu *e* als gemeingermanisch anzusetzen. Dass *gerî gerida, berin* keine Beweiskraft haben, ist oben (S. 30 ff. 40 ff.) dargelegt. Wenn nun, wie hieraus folgt, *r* und *h* im Urgermanischen nicht einmal immer die Kraft gehabt haben, *e* vor dem Wandel zu *i* zu schützen, so dürfen wir noch viel weniger die Brechung als gemeingermanisch ansetzen. — Diese Frage bedarf jedoch einer viel gründlicheren Erörterung, als sie hier gegeben werden kann.

im übrigen alle *e* zu *i* wurden. — Das Althochdeutsche seinerseits bevorzugte die aus dem Gemeingermanischen überkommene Neigung [144], *e* vor *i* der folgenden Silbe zu *i* übergehen zu lassen, und dehnte diesen Umlaut auch auf die Fälle aus, wo *r* und *h* + Konsonant sich früher hindernd in den Weg gestellt hatten. Trotzdem gelangte dieser Wandel nicht zu völliger Durchführung, da namentlich die oberdeutschen Dialekte mit ihrer dumpferen Aussprache das *e* vor den genannten Konsonantenverbindungen bisweilen festhielten.

Wenn wir dasselbe Wort teils mit *e*, teils mit *i* vor *r* oder *h* + Konsonant vorfinden, so werden wir aus dem Umstand, dass der Lautwandel von *e* zu *i* schon lange vor der Abfassung oder Niederschrift des ersten uns überlieferten althochdeutschen Denkmals als abgeschlossen anzusehen ist, das Gesetz dieses Wechsels also nicht mehr wirksam war [145], schon a priori schliessen dürfen, dass bei demselben Schriftsteller oder Schreiber Formen mit *e* und *i* neben einander in der Regel nicht vorkommen werden. Die Doppelbildungen müssen auf Dialektverschiedenheiten beruhen, die sich darin zeigen, dass der Prozess des Wandels von *e* zu *i* verschieden weit vorgeschritten war, als das Gesetz zu wirken aufhörte. Die thatsächlichen Verhältnisse scheinen diese Schlussfolgerung zu bestätigen. Wenn wir noch ausser vor den besprochenen Konsonantenverbindungen Beispiele von Schwanken zwischen *e* und *i* finden, so werden wir da einerseits die teilweise mangelhafte Ueberlieferung der althochdeutschen Denkmäler

---

[144] Diese Vorgänge im Gotischen und Germanischen scheinen mir zu denen zu gehören, die Scherer im Auge hat, wenn er GDS² S. 9 von «Impulsen der Urzeit, welche spät völlig durchdrangen», von «Wirkungen von Kräften, welche Jahrhunderte schon in Thätigkeit waren», spricht.

[145] Leffler, S. 234, scheint Wert darauf zu legen, dass formerna med *e* äro .... i regeln icke yngre, stundom äldre än formerna med *i*. Jedoch ist das für den Gang der Entwicklung von gar keiner Bedeutung, da das Gesetz des *i*-Umlauts von *e* zu *i* schon Jahrhunderte lang vor dem ersten ahd. Denkmale abgestorben gewesen sein muss, wie Leffler auch an anderer Stelle (S. 264, 265) selbst sagt.

in Rechnung ziehen, andererseits Doppelformen voraussetzen müssen [146].

[146] Seite 23 ff., 28 ff., 3o ff. u. s. w. Zweifelhaft ist, was den Unterschied zwischen *swehur* und *swigar* hervorgerufen hat, zwei Formen, die als masc. und fem. zu einander gehören. Indogermanisch sind anzusetzen nach Schade 908 *svakuras* und *svakrūs*. Die Verschiedenheit des Accents bewirkte verschiedene Verschiebung: *sváhuras*, *svegrús* (Verner. KZ. XXIII, 171). Nach Eintritt des germanischen Accents und des vokalischen Auslautsgesetzes wäre *svehurs* und *svegrus* übergeblieben. In letzterer Form trieb *u* das *e* zu *i*, während *e* in der ersten Form durch *h* festgehalten wurde: *svehurs*. *svigrus*. In *svehurs* fiel im Gotischen das *u* aus, es blieb *svehrs*, das zur schwachen Deklination trat und so die Form *svaihra* erhielt, wovon dann das gotische Femininum *svaihro* gebildet wurde, während das alte Femininum für diese Sprache verloren ging. Dagegen blieb es im Ahd., wo es aus der *u*-Deklination zur *i*-Deklination übertrat und so, wie *vithrus* (aries) zu *widar* aus *svigrus* mit Svarabhaktivokal zu *swigar* ward, während *svehurs* nach Abfall des *s* als *swehur* im Althochdeutschen weiter lebte.

II. Erklärung des Vorgangs.

Das Charakteristische des besprochenen Wandels von *e* zu *i* ist eine Anähnlichung des Vokals der ersten Silbe an den der folgenden und so ist wohl auch der Umlaut von *a* zu *e* sowie alle übrigen Umlaute aufzufassen. Jedoch sträubte sich Grimm[117] den Wandel von *e* zu *i* als Umlaut zu bezeichnen, weil hierbei ein trüber Vokal zu einem reinen erhöht, während bei den andern sogenannten Umlauten ein reiner getrübt werde, also aus einem rein doktrinären Bedenken, das, wie auch seine andern Erwägungen, von Leffler widerlegt wird. Das Wesentliche ist doch wohl, wie gesagt, die Anähnlichung des vorhergehenden Vokals an den folgenden, und dies ist dem von uns behandelten Wandel mit allen Umlauten gemein. Ich glaube daher, es wird keinen Anstand haben, den Wandel von *e* zu *i* als Umlaut zu bezeichnen, wodurch wir zugleich auf das Alter und die Stetigkeit eines dem Germanischen eigentümlichen Lautvorgangs hingewiesen werden. Da über das Wesen des Umlauts die Ansichten weit auseinandergehen, mögen hier einige Worte darüber gesagt sein. Es ist in der That schwer zu sagen, wie der Vokal einer noch nicht gesprochenen Silbe auf den der im Augenblick gesprochenen wirken soll. Scherer[118], Sievers[119] und Schmidt[120] haben eine physiologische Erklärung versucht, nachdem vorher Jacobi[121], Bopp[122], Heyse[123], Rumpelt[124] und andere von „psycholo-

---

[117] Grammatik I, 81. Dazu Leffler S. 149 ff. Holtzmann, Altd. Gr I, 2 S. 18.
[118] Scherer, GDS. 143, ²73.
[119] Sievers, Grundzüge der Lautphysiologie 138.
[120] Schmidt, Idg. Vokalismus II, 474.
[121] Jacobi, Beiträge zur deutschen Grammatik S. 34, 125.
[122] Bopp, Vgl. Grammatik I, 99.
[123] Heyse, citiert bei Rumpelt altdeutsche Grammatik S. 82.
[124] Rumpelt aaO. 83, 85 u. ö.

zischer Anticipation", Attraktion, Assimilation gesprochen hatten[155]. Die an erster Stelle genannten Gelehrten nehmen die Mouillierung zu Hülfe. Scherer stellt den Vorgang so dar, dass das *j*, sei es ursprünglich oder erst dem *i* vorgeschlagen, den vorhergehenden Konsonanten ergreift, mit ihm verschmilzt und schliesslich nicht bloss nach-, sondern auch vorklingt[156]. Stellt sich dann Abneigung gegen die Mouillierung ein, so fällt das zweite *j*, während das erste mit dem vorhergehenden Vokal zu einem Diphthongen verschmilzt, der sich später verengt[157]. Abgesehen von der Schwierigkeit, die sich der Mouillierung bei Konsonantenverbindungen entgegenstellt, ist dies alles zur Erklärung der Epenthese des *i* sehr schön und gewiss zu acceptieren. Aber von der Epenthese zum Umlaut ist noch ein weiter Schritt, und selbst die von Scherer angeführten althochdeutschen Schreibungen *airin, aigi, aillin, muillen, suinta, zninta, troistest, guita, scoina* bilden keine sichere Brücke von jener zu diesem[158]. Man muss doch wohl bedenken, dass die Wiedergabe der gesprochenen Laute noch keine Tradition hatte und dass die Schreiber daher manchmal zu sonderbaren Mitteln griffen. Wäre der Umlaut auf die von

---

[155] Braune, Ahd. Gr. § 51 drückt sich wenig befriedigend aus, wenn er sagt: «Seiner Natur nach ist der Umlaut eine Assimilation, speziell eine Palatalisierung des Vokals durch das folgende palatale *i*.»

[156] Stockmann aaO. S. 7 unterschätzt wohl die Gewandtheit der menschlichen Sprachorgane, wenn er gegen Scherers Theorie sagt: ego quidem vereor, ne Schererius sagacius, quam verius de his iudicaverit, neque enim ullo tempore homines tam flexibili lingua ac voce fuisse puto, ut «campagne» velut «campajnj» pronuntiaverint. Diese Aussprache ist nicht nur möglich, sondern findet sich thatsächlich im Munde der Franzosen.

[157] Aehnlich: Wahlenberg, Ueber die Einwirkung von Vokalen auf Vokale. Sigmaringen 1855, namentlich S. 17.

[158] Die Beispiele mit *ei* zur Bezeichnung des aus *a* umgelauteten *e* sind allerdings ziemlich zahlreich: Gl. I, 585, 60 *in sceifta* (in jaculo); I, 591, 32 *sceinchit* (propinat); I, 597, 30 *peiri* neben *pari* (faceret); I, 598, 19 *zisceinchanne* (admiscendum); I, 623, 6 *heifid* (percutiet); I, 626, 18 *zispreinges* (disperdas); I, 667, 47 *speiter*; I, 720, 50 *in eillente* (peregre); I, 767, 8 *irweirtande* (adulterantes); MSD. 34, 5, 1 etc. *eingil*; MSD. 91, 43 *zveilf* (= zwalif); Gl. II, 305, 42 *in veirti* (transitu) u. öfters. Die Schreibung *ei* ist am häufigsten vor *n* beliebt.

Scherer angegebene Weise entstanden, die Entwicklung hätte Jahrhunderte gebraucht, um z. B. von unumgelautetem kurzem *a* zu kurzem *e* zu gelangen, und gerade bei diesem Umlaut, der sich vor unsern Augen entwickelt, müssten wir hunderte von Beispielen haben von der Art der drei von Scherer genannten. Dem gegenüber scheint mir Lefflers Scheidung von Umlaut (omljud) und Umlautsbrechung (omljudsbrytning) [159] — unter letzterer versteht er die Epenthese — sehr angebracht zu sein. Die Ursache ist bei beiden Erscheinungen dieselbe, die Wirkungen sind verschieden: im Altnordischen zeigen sich beide gelegentlich sogar an einem Worte, wo dann die Verschiedenheit der Vorgänge recht ins Auge springt.

Was ist denn nun das Wesen des Umlauts? Ein Laut wird umgeändert, so dass er einem folgenden Laute ähnlicher wird. Die Artikulation der beiden Vokale, die jetzt ähnlicher geworden sind, wird jetzt weniger Schwierigkeiten bereiten als vorher, da die Mundstellungen nicht so sehr verändert zu werden brauchen und die Sprachorgane nach Bildung des dazwischen liegenden Konsonanten leicht wieder in dieselbe Stellung zurückgehen. Hier bietet sich zugleich auch eine Erklärung dafür, dass schwere Konsonantenverbindungen den Umlaut hemmen können. Sie erfordern nämlich soviel Anstrengung und eine solche Veränderung der Mundstellung, dass die Organe es nicht als eine Erleichterung empfinden, wieder in dieselbe Lage zurückzukehren, sondern zu der Aussprache jedes Vokals gleich bereit sind.

Wie kommt es nun aber, dass der Vokal der folgenden auf den der vorhergehenden Silbe wirkt? Bei dem Aussprechen eines Wortes wird oder wurde wohl unbewusst empfunden, dass die Endsilbe, und in vielen Fällen der Vokal der Endsilbe das Entscheidende für die Stellung des Wortes im Zusammenhang der Rede, für seine grammatische Eigenschaft ist, während von dem Stamme selbst die Konsonanten als das Element erschienen, in

---

[159] L. F. Leffler, Om v-omljudet a i ï ı oh ei i de nordiske språken. Upsala 1877. S. 78.

dem die Bedeutung der Wurzel ruht[160]. Das Bestreben nach
Erleichterung des Sprechens ist da, einer der Vokale soll zu
Gunsten des andern geändert werden, der Endungsvokal schwebt
dem Geist als wesentlicher vor: Die Aussprache des Wurzelvokals
wird von dem Endungsvokal beeinflusst[161]. Bei dieser Auffassung
erklärt sich zugleich am zwanglosesten die Einwirkung des Vokals
der Endsilbe über eine Silbe hinüber[162], wie in *unwitari* zu *wetar*.
Der Vokal der mittleren Silbe wurde dann wohl immer ein unbestimmter; er war gewissermassen nur das Geräusch der während
der Bewegung der Sprachorgane vom Endkonsonanten der ersten
zum Anfangskonsonanten der dritten Silbe (in unserm Falle von

---

[160] Grimm, Grammatik I. 580: »Man kann die Vokale als die
notwendige Färbung oder Belebung aller Wörter betrachten, als den
Atem, ohne welchen diese gar nicht bestehen würden· Die eigentliche
Individualisierung des Wortes beruht auf dem Vokallaut; er gewährt die
feinsten Beziehungen. Die Gestalt, wenn ich sagen darf, die Spezies des
Wortes gründet sich hingegen auf die Konsonanz. Hier erscheinen die
Verhältnisse ung eich sicherer und dauernder. Mundarten, deren Vokale
meistenteils abweichen, behalten auch häufig dieselben Konsonanten
bei.» Westphal, Philosophisch-historische Grammatik der deutschen
Sprache, Jena 1869, S. 16, 17 spricht ungefähr dasselbe aus.

[161] Leffler, v-omljudet S. 4.

[162] Jacob, Beiträge S. 14 glaubt, die über eine Silbe hinüber-
reichende Einwirkung eines Vokales auf den andern sei unmöglich.
Auch Leffler, i-omljudet S. 259 hält hieran fest, weil er sich das *e*
von *epani, epanida, epani* (adj. gl. K) und *kafedere, cafedhere* nicht zu
erklären vermag. Nach dem oben S. 30 ff. 40 ff. gegebenen Ausführungen
machen *epani* und *epanida* keine Schwierigkeiten mehr. *Epani* (adj.)
habe ich nirgends in den Keronischen Glossen gefunden. Sollte es dennoch vorkommen, so wird man nicht anzustehen brauchen, es als eine
Missbildung des Schreibers dieser Glossen anzusehen, der gern an adjektivische a-Stämme ein *i* anhängt. (S. z. B. oben S. 50.) *kafedar* findet
sich nirgends mit einem *i*, und ist kein *ja*-, sondern ein *a*-Stamm. Die
Erklärung des *i* in *fidarj* in macht Leffler bei seiner Auffassung
natürlich Schwierigkeit (S. 260). Vgl. auch S. 234 über *speralin* und *wer.
bali*. Noch Braune Ahd. Grammatik § 27 Anm. 4 hält die Einwirkung
eines *i* der dritten Silbe auf den Wurzelvokal nur dann für möglich,
wenn der Vokal der zweiten Silbe vorher zu *i* geworden ist. Es wird
letzteres häufig der Fall sein; dass es aber nicht notwendig ist, beweisen
firligari (Gl. I, 232, 2), *sidaltun* (Gl. II, 404, 72), *gisidalt* (O. I, 7, 16),
gisidalta (O. I, 25, 24), *gividarter* (Gl. II, 20, 45), *unwitari* (Gl. I,
170, 24).

i zu *r* ausströmenden Luft. Das ist also doch die psychologische Anticipation! Gewiss. Haben wir denn nicht auch sonst solche Anticipationen? Jawohl, z. B. in der Syntax, wenn das Verbum dem Subjekt vorausgeht, etwa in einer Frage, findet da nicht auch eine ganz analoge Anticipation in der Rektion des vorausgehenden Verbums nach dem folgenden Subjekt statt?[163][164] Aus dieser Erklärung des Umlauts ergiebt sich, dass von Umlaut nur gesprochen werden kann, wenn die betonte, die Wurzelsilbe, durch den Vokal der Ableitungssilbe Veränderung erleidet, während ähnliche Vorgänge in unbetonten Silben als Assimilationen zu bezeichnen sind.

[163] Ueber die Zulässigkeit der Vergleichung von Erscheinungen aus der Lautlehre mit solchen aus der Syntax vergl. die bei Steinthal Z. f. Völkerps. I, 98 citierten Aussprüche Grimm's: »Erscheinungen der Lautlehre sind denen der Syntax oft sehr ähnlich; gleich einzelnen Lauten an ihrer Stelle wirken auch einzelne Worte im Satz auf einander hin, bald vor- bald zurückgreifend.« Und weiterhin: »Grund der Einwirkung in beiden Fällen ist, dass daraus grössere Harmonie der Aussprache, festere Fügung des Satzes entspringt.« Grimm, Kl. Schr. III. S. 312.

[164] Für diese Erklärung des Umlauts sprechen die bei Otfried vorkommenden Fälle, wo *a* durch ein in einem darauf folgenden Pronomen (*ih, iʒ, imo, inan*) enthaltenes *i* zu *e* geworden ist, wie *drenk ih, meg ih, werf iʒ, geb imo*. Diese Verbindungen sind zu zufällig und locker, als dass sie die Annahme einer Mouillierung des vorhergehenden Konsonanten zuliessen.

III. Zeitbestimmung.

Was die Zeit anbetrifft, in die der Wandel des *e* zu *i* vor einem *i* (*j*) der nächsten Silbe zu setzen ist, so haben wir oben bei den Substantiven der *i*-Deklination gesehen, dass er vor das vokalische Auslautsgesetz zu stellen ist. Damit hätten wir einen terminus ad quem. Scherer setzt letzteres in die gotische Periode (150—450 nach Chr.), gegen Ende derselben. Der Wandel von *e* zu *i* fiel also vermutlich in den Anfang oder die Mitte derselben, in das zweite oder dritte Jahrhundert unserer Zeitrechnung, wohl nicht früher, da von Römern uns überlieferte deutsche Namen das alte *e* noch zeigen. Die Namen *Segestes, Segimundus, Segimerus* sind gebildet von germanisch *seges (nach Leffler)[165] oder *segis, got. *sigis*, ahd. in *sigiron* und als *sigi*- in Zusammensetzungen vorkommend. Diesem Worte entspricht skrt. *sáhas* 'Kraft, Stärke). (Schade, S. 761). Nun sind zwei Möglichkeiten: entweder ist *seges, wie Leffler meint, erst in den einzelnen germanischen Sprachen *segis geworden, dann konnte natürlich in der Zeit, aus der die Namen stammen, noch keine Wirkung des *i* auf das vorhergehende *e* stattfinden; — wo kommt dann aber das *i* in *Segimerus* und *Segimundus* her? — oder die Form *segis ist gemeingermanisch, aber die Wirkung des *i* auf das vorhergehende *e* war noch nicht eingetreten. Das letztere scheint mir den vorliegenden Namen gegenüber das Wahrscheinlichere; denn warum sollte hier nicht Umlaut gewirkt sein? So lange der Umlaut wirklich ein lebendiges Gesetz ist, muss jedes hervortretende *i* Umlaut wirken[166]. Denn dieser ist trotz der psychologischen Motive ein physiologisches Gesetz, welches

---

[165] *i*-omljudet S. 274. Ueber die Zeitbestimmung des Wandels von *e* zu *i* s. z. B. S. 157.

[166] Ausnahmen müssen sorgfältig begründet werden.

wirkt, ohne nach dem Ursprungszeugniss der Laute zu fragen, mit denen es zu thun hat. Wo man späte Entstehung eines *i* als Grund für seinen Mangel an umlautender Wirkung anführt, ist es nur insofern richtig, als man damit ausdrücken will, das Gesetz des Umlauts war nicht mehr lebendig, als dieses *i* aufkam. Wenn es aber heissen soll, der Umlaut wirkte noch, aber an diesem *e* ging er vorüber, weil das folgende *i* zu jung war, so glaube ich, ist das eine falsche Auffassung. So gewinnen wir durch die Namen *Segimerus* und *Segimundus* als terminus a quo die erste Hälfte des ersten Jahrhunderts nach Christi Geburt. Ist diese Zeitbestimmung für das Auftreten des Wandels von *e* zu *i* richtig, so geht daraus schon eo ipso hervor, dass der Vorgang gemeingermanisch ist, d. h. einer Zeit angehört, wo die sprachlichen Erscheinungen noch allen germanischen Stämmen gemeinsam waren.

Für unsern Zweck ist es recht belehrend, die Fälle des Umlauts von *a* zu *e* mit denen des Wandels von *e* zu *i* zu vergleichen[167]. Beide Erscheinungen finden sich vor *-ist, -it* der 2. 3. sg. praes. ind. der ersten und zweiten Klasse ablautender Verba (Braune ahd. Gr. Klasse III[b], IV, V), in Substantiven auf *-ja, -il, -ing, -in, -ida* (mit der obenangegebenen Einschränkung für den Wandel von *e* zu *i*), in Adjektiven auf *-ja, -ig, -in, -isc* — auf *-il* kenne ich keins mit stammhaftem *a* —, in Verben auf *-jan*, und in den Steigerungsformen. *e* wird zu *i*, aber *a* nicht zu *e* umgelautet im Singular der *i*-Deklination, wenigstens nicht in allen Casus, was

---

[167] Interessant ist auch eine Zusammenstellung der den Wandel von *e* zu *i* und der den Umlaut von *a* zu *e* hemmenden Konsonantengruppen. Obwohl nicht notwendig dieselben Konsonantenverbindungen den Umlaut von *e* zu *i* und den von *a* zu *e* hindern müssen, da einige grössere Vorliebe für *a*, andere für *e* haben können, so werden wir doch viel Uebereinstimmung finden, da die betreffenden Konsonanten-Gruppen so schwer sind, oder wenigstens so schwer gesprochen wurden, dass eine Erleichterung bei Anähnlichung des davor und des dahinter stehenden Vokals nicht empfunden wurde. Siehe Braune in den Beiträgen IV, 540 ff. und jetzt Ahd. Gr. § 27 Anm. 2, der die den Umlaut von *a* zu *e* hindernden Konsonantengruppen zusammenstellt. Es sind hauptsächlich die *h*- und *r*-Verbindungen.

sich aus dem Umstande erklärt, dass die *i*-Endungen sich im Singular — zum mindesten im Nominativ und Akkusativ, die niemals den Wandel von *a* zu *e* zeigen — schon längst verloren hatten, als der *i*-Umlaut von *a* zu *e* begann. Dagegen findet sich der Wandel von *a* zu *e*, aber nicht der des *e* zu *i*, vor der Pluralendung *-ir*, vor der Genitiv- und Dativ-Endung *-in* schwacher Maskulina und Neutra, vor dem Abstrakta bildenden Suffixe *-i* und in sämtlichen Bildungen auf *-ida*. Dass das Suffix *-ir* erst spät erscheint [168] ist allgemein anerkannt, und dies ist wieder ein Beweis dafür; über die Wandlung der alten Endung *-en* zu *-in* und wieder zu *-en* 'n', über die späte Entstehung der denominativen Abstrakta auf *-i* und über die Ausdehnung des Gebrauches von Suffix *-ida* ist oben gesprochen. Das Antreten des *-ir* sowie die andern eben berührten Erscheinungen und Vorgänge müssen in den Zeitraum fallen, welcher zwischen dem Umlaut von *e* zu *i* und dem von *a* zu *e* liegt.

Auch Paul [169] hat einen Beitrag zur Bestimmung des Altersverhältnisses der beiden Vorgänge geliefert: jener muss vor der bei den schwachen Präteriten häufigen Synkope des *i*, nämlich dieser nachher eingetreten sein. Als althochdeutsches Beispiel führt er *irquihta* an. Ich habe solche Formen von 7 Verben und zwar recht häufig belegt gefunden:

von *quickjan*: *chihta* (N. II, 312, 24); *chichte* (N. II, 9, 25); *erquikta* (W. 93, 11); *irquichta* (W. 136, 1); *irquictos* (O. III, 1, 21); *irquicta* (O. III, 14, 6);

von *firrjan*: *irfirti* (O. I, 8, 18); *irfirta* (O. II, 6, 43);

von *filljan*: *filten* (Gl. I, 678, 4); *filta* (N. I, 67, 28); *filti* (N. I, 812, 7); *bifilta* (O. IV, 24, 37) etc. etc.;

von *fidarjan*: *gividirter* (Gl. II, 19, 23); *kefiderten* (N. I, 253, 2); *gividarter* (Gl. II, 20, 45);

von *sidaljan*: *kisideltero* (Gl. II, 38, 4); *sidaltun* (Gl. II, 404, 72);

---

[168] Schleicher. Comp.³ § 461. Paul, Prinzipien der Sprachgeschichte¹ S. 118. Kluge. Nom. Stammbildungslehre § 84.
[169] PBB. VI, 82.

von *rihtan*: *kirihter* (Gl. I, 410, 75) für *garihtiter*:
von *birnjan*: *kibirnta* (Gl. II, 207, 74); *kipirnti* (Gl. II, 211, 15).

Aus diesen Erörterungen ergiebt sich, dass zwischen dem Umlaut von *e* zu *i* und dem von *a* zu *e* ein bedeutender Zeitraum gelegen haben muss. Dies Ergebnis findet seine Stütze auch noch in der Erwägung, dass der *i*-Umlaut von *e* nicht zu gleicher Zeit mit dem von *a* gegolten haben kann, da sonst die *a* enthaltenden Wörter durch das *i* der Endsilbe über *e* hinaus zu *i* getrieben sein würden. Da wir nun bei solchen Lautgesetzen ein sehr allmähliches Entstehen und ein sehr langsames Absterben voraussetzen müssen, so werden das zweite und dritte Jahrhundert als Blütezeit des Wandels von *e* zu *i* und das achte Jahrhundert als Durchführungszeit des Umlauts von *a* zu *e* nicht als zu weit auseinander liegend angesehen werden können. Als Zwischenglied — und ein solches einzuschalten ist der Kontinuität halber sehr wünschenswert — glaubt Leffler [170] den *i*-Umlaut von *o* zu *u* annehmen zu dürfen; mit welchem Rechte, ist noch nicht sicher nachgewiesen.

[170] *i*-omljudet S. 157, 276 ff.

Schluss.

In dem Wandel von e zu i und dem von a zu e haben wir eine Art vokalische Lautverschiebung, die der konsonantischen in gewisser Weise entspricht, nur dass der Ring nicht geschlossen ist. Der vokalische Vorgang ist insofern schon besser aufgehellt, als wir den physiologischen Motor, der das e zu i, das a zu e trieb, kennen. Einen ähnlichen physiologischen Grund der konsonantischen Lautverschiebung können wir noch nicht nachweisen, während wir die gemeinsame psychologische Ursache beider Vorgänge in dem Streben nach Erleichterung, nach grösserer Bequemlichkeit im Sprechen erblicken dürfen.